Chemie Abiturvorbereitung
Thema: Anorganische Chemie

Copyright © 2021 StudyHelp
StudyHelp GmbH, Paderborn
WWW.STUDYHELP.DE

1. Auflage

Autor: Nadine Boele

Redaktion & Satz: Carlo Oberkönig
Kontakt: verlag@studyhelp.de
Umschlaggestaltung, Illustration: StudyHelp GmbH

ISBN 978-3-947-**50626**-2

Inhalt

1 Grundlagen

Um in der Chemie der Oberstufe nicht den Überblick zu verlieren ist es wichtig, dass wir ein paar Grundlagen aus der Mittelstufe gut beherrschen. Diese behandeln wir in diesem Kapitel.

1.1 Stoffe und Teilchen

Generell müssen wir bei Stoffen zwischen Stoffgemischen und Reinstoffen unterscheiden:

Stoffe und
Teilchen

- **Reinstoffe** sind in der Chemie Stoffe, die einheitlich aus nur einer chemischen Verbindung oder einem chemischen Element bestehen.

- **Gemische** sind Stoffe, welche aus mindestens zwei Reinstoffen zusammengesetzt sind.

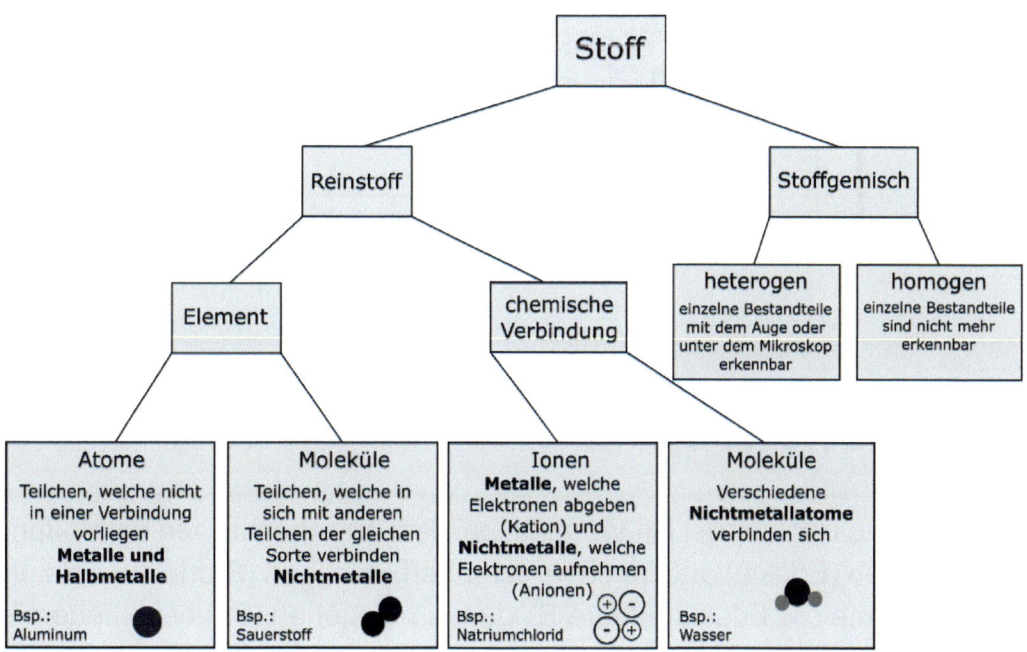

Diese Stoffe wiederum können in verschiedenen Aggregatzuständen vorliegen:

- fest,

- flüssig

- oder gasförmig

Wir müssen wissen, wie die Stoffe in den einzelnen Aggregatzuständen auf Teilchenebene beschaffen sind.

Mit steigender Temperatur werden die zwischenmolekularen Wechselwirkungen immer weiter überwunden, wodurch sich die einzelnen Teilchen schneller bewegen und sich weiter voneinander entfernen. So sind die Teilchen im festen Zustand sehr strukturiert und nah aneinander angeordnet, während sich diese ordentliche Struktur über den flüssigen zum gasförmigen Zustand immer mehr verliert und die Teilchen sich weiter voneinander entfernen. Die folgende bietet eine Übersicht auf Teilchenebene.

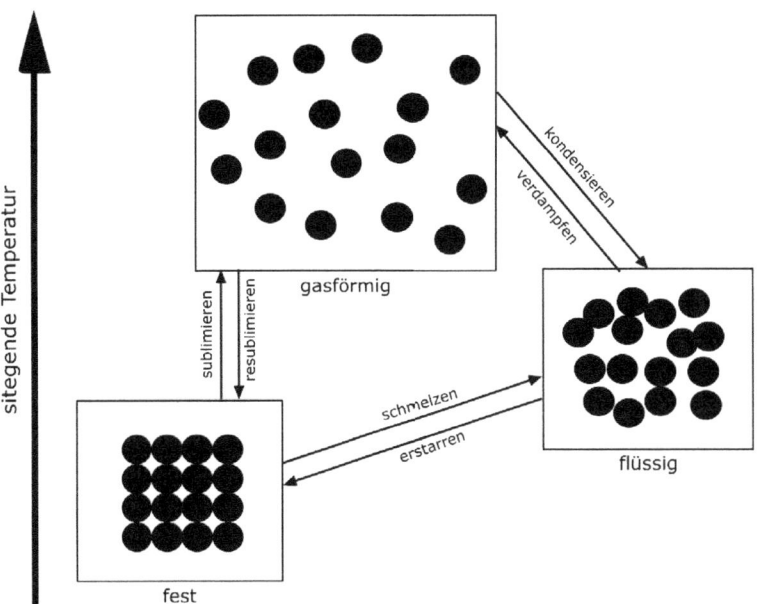

1.2　Chemische Reaktion

Eine chemische Reaktion ist ein Vorgang, bei dem aus chemischen Verbindungen oder Elementen (Edukte) andere chemische Verbindungen (Produkte) entstehen, indem die Atome der Edukte andere Bindungen eingehen. Dabei verändern sich auch die Eigenschaften der Stoffe.

Um Reaktionen schriftlich darzustellen, gibt es die sogenannten **Reaktionsglei-chungen**. Diese beschreiben die stofflichen und energetischen Veränderungen bei einer chemischen Reaktion. Sie sind immer nach dem folgenden Schema auf-gebaut:

> **Edukte (Ausgangsstoffe) → Produkte + ggf. Energieumsatz**

Bsp.: $N_2 + 3H_2 \rightarrow 2NH_3 + \Delta E = -46kJ$

Koeffizienten stehen vor den Molekülformeln und geben die Anzahl der miteinan-der reagierenden Teilchen an (relativ zueinander). Sie werden so gewählt, dass auf beiden Seiten des Reaktionspfeils die gleiche Anzahl an Atomen einer Sorte steht (= „ausgleichen").

Chemische
Reaktionen

Der *Index* gehört zur Molekülformel und gibt an, wie viele Atome in einem Molekül gebunden sind. Der Index wird beim Ausgleichen nie verändert!

Der *Energieumsatz* gibt an, ob bei der Reaktion Energie freigesetzt wurde (ne-gative Energie) oder ob Energie aufge-wendet wurde (positive Energie). Wird Energie freigesetzt, so handelt es sich um eine **exotherme Reaktion**. Bei-spiel: Knallgasprobe aus dem Chemie-Unterricht.

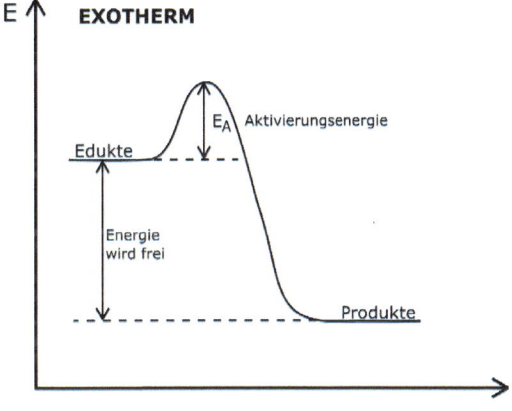

Auf der senkrechten Achse wird die Energie, auf der horizontalen Achse wird die Reaktionszeit aufgetragen.

Wird Energie benötigt, handelt es sich um eine **endotherme Reaktion**. Ein ty-pisches Beispiel für eine endotherme Reaktion ist Brausepulver. Wird eine Mischung aus Natron und Weinsäure oder Zitronensäure in Wasser gegeben, reagieren Natron und Weinsäure mit-einander. Es entstehen Natriumtartrat bzw. Natriumcitrat sowie Kohlensäure, die weiter in Wasser und Kohlenstoffdi-oxid zerfällt, welches das Getränk zum Sprudeln bringt.

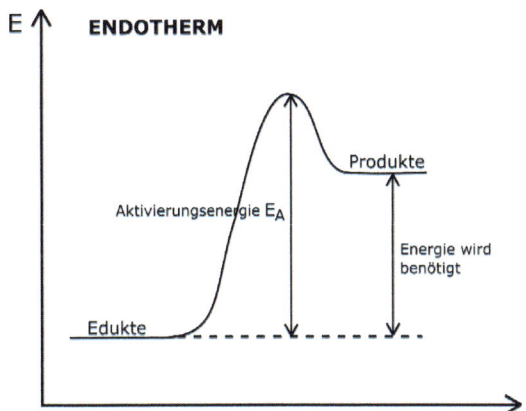

Es gibt drei Grundtypen chemischer Reaktionen:

1. Synthese

Edukt 1 + Edukt 2 → Produkt

Bsp.:   Magnesium   +   Sauerstoff   →   Magnesiumoxid

$$2Mg \quad + \quad O_2 \quad + \quad 2MgO$$

2. Analyse

Edukt → Produkt 1 + Produkt 2

Bsp.:   Wasser   →   Wasserstoff   +   Sauerstoff

$$2H_2O \quad → \quad 2H_2 \quad + \quad O_2$$

3. Umsetzung

Edukt 1 + Edukt 2 → Produkt 1 + Produkt 2

Bsp.:   Wasser   +   Magnesium   →   Wasserstoff   +   Magnesiumoxid

$$H_2O \quad + \quad Mg \quad → \quad H_2 \quad + \quad MgO$$

1.3 Katalysatoren

Katalysatoren

Wir wissen bereits, dass bei jeder Reaktion eine bestimmte Aktivierungsenergie aufgewendet werden muss. Manchmal ist diese sehr hoch, weshalb manche Reaktionen nicht ablaufen können. Um solche Reaktionen trotzdem hervorzubringen, können wir einen sogenannten Katalysator einsetzen.

Ein **Katalysator** ist ein Stoff, der die Aktivierungsenergie einer Reaktion herabsetzt und die Reaktionsgeschwindigkeit erhöht.

Dabei wird der Katalysator selbst nicht verbraucht, das heißt, dass er am Ende der Reaktion unverändert daraus hervorgeht.

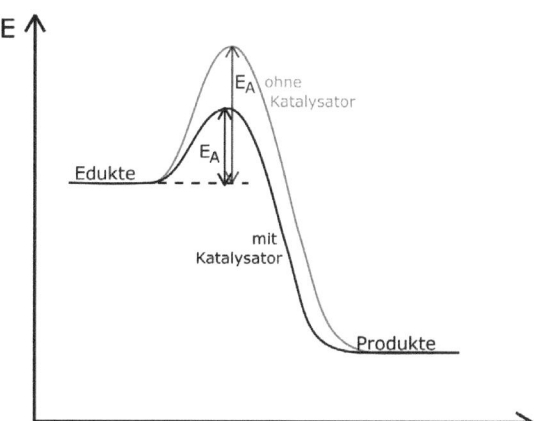

1.4 Bindungstypen

Bei Reinstoffen gibt es verschiedene Arten, wie die einzelnen Atome miteinander verknüpft sein können. Dabei unterscheiden wir zwischen den drei Bindungstypen **Metallbindung**, **Ionenbindung** und **Elektronenpaarbindung**.

Bindungstypen

1.4.1 Metallbindung (Metallgitter)

Eine Metallbindung ist eine Verbindung zwischen Metallatomen. Alle Metallatome geben ihre Valenzelektronen ab, welche sich frei beweglich als Elektronengas zwischen den positiv geladenen Atomrümpfen befinden. Diese Art der Bindung erklärt die plastische Verformbarkeit von Metallen.

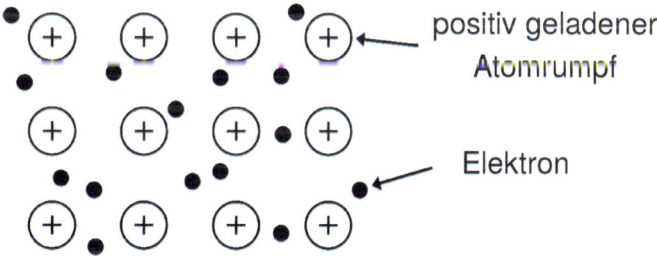

1.4.2 Ionenbindung (Ionengitter)

Eine Ionenbindung ist eine Verbindung aus Metall- und Nichtmetallatomen. Dabei gibt das Metallatom Elektronen ab (Metall wird zum Kation), welche vom Nichtmetallatom aufgenommen werden (Nichtmetall wird zum Anion). Da die entstandenen Ionen unterschiedlich geladen sind (Kation positiv geladen, Anion negativ geladen), ziehen sie sich gegenseitig an.

Es entsteht ein sogenanntes Ionengitter (oder Salzgitter).

Bsp.: Natriumchlorid

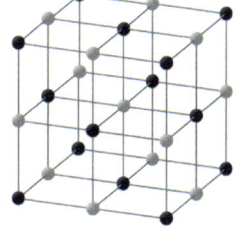

$$Na + Cl \longrightarrow Na^+ + Cl^-$$

1.4.3 Elektronenpaarbindung (Moleküle)

Elektronenpaarbindungen sind Verbindungen zwischen Nichtmetallatomen. Atome teilen sich hier ein Elektronenpaar. Diese Elektronenpaare, welche Atome zusammenhalten, heißen bindende Elektronenpaare. Demgegenüber stehen nichtbindende Elektronenpaare. Elektronenpaare werden in Strukturformeln als Striche geschrieben.

Bsp.: Wasserstoff

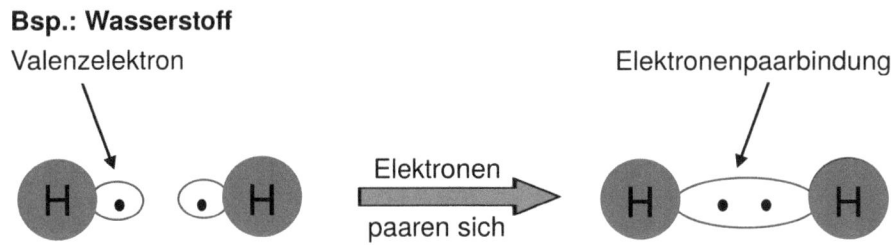

ABBILDUNG 1.1: ELEKTRONENPAARBINDUNG DES WASSERSTOFFMOLEKÜLS

1.5 Aufstellen von Strukturformeln

Strukturformeln

Strukturformeln sind in der Chemie von maßgeblicher Relevanz. Doch wie stellen wir derartige Formeln auf?

Um die Strukturformel eines Moleküls aufzustellen, müssen wir folgende Schritte durcharbeiten:

1. Valenzelektronen aller Atome in der Verbindung zusammenzählen.

2. Anzahl der Elektronenpaare berechnen:
   Anzahl aller Valenzelektronen durch zwei dividieren.

3. Bindende Elektronenpaare berechnen:

$$\frac{2 \cdot \text{Anzahl}_{\text{Wasserstoffatome}} + 8 \cdot \text{Anzahl}_{\text{andere Atome}} - \text{Anzahl}_{\text{Valenzelektronen}}}{2}$$

4. Verteilen der bindenden und freien Elektronenpaare
   WICHTIG: Wir müssen darauf achten, dass Wasserstoffatomen immer genau zwei Elektronen, allen anderen Atomen acht Elektronen zugeordnet werden.

5. Ermitteln von Ladungen innerhalb des Moleküls.

Beispiel: Wasser H_2O

1. Valenzelektronen aller Atome in der Verbindung zusammenzählen
Ein Sauerstoffatom hat sechs Valenzelektronen, da es in der sechsten Hauptgruppe steht. Ein Wasserstoffatom hat ein Valenzelektron, da es in der ersten Hauptgruppe steht. Wichtig: Es sind zwei Wasserstoffatome in einem Wassermolekül gebunden!

Aus H_2O erhalten wir insgesamt

$$1 \cdot 2 + 6 = 8$$

8 Valenzelektronen im Wassermolekül.

H_2O
$1 \cdot 2 + 6 = 8$

2. Anzahl der Elektronenpaare berechnen

Die in Schritt eins ermittelten Valenzelektronen werden nun durch zwei dividiert um die Anzahl der Elektronenpaare zu kennen. Wir erhalten 8 : 2 = 4 Elektronenpaare (EP).

3. Bindende Elektronenpaare berechnen

Um herauszufinden, wie viele der Elektronenpaare in einem Molekül bindend sind, verwenden wir die aufgeführte Formel und erhalten

$$\frac{2 \cdot 2 + 8 \cdot 1 - 8}{2} = 2$$

2 bindende Elektronenpaare.

4. Verteilen der bindenden und freien Elektronenpaare

Zunächst schreiben wir uns alle Atome auf und verteilen die bindenden Elektronenpaare. In diesem Fall gibt es nur eine Möglichkeit.

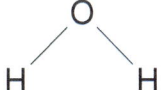

Nun zählen wir, wie viele Elektronen jeweils fehlen. Die Wasserstoffatome H besitzen mit der einen Bindung bereits je zwei Elektronen – hier sind wir also fertig.

Das Sauerstoffatom O hat bisher mit den beiden Bindungen nur vier Elektronen, es fehlen also nochmal vier. Daher teilen wir die beiden freien Elektronenpaare dem Sauerstoff zu. Daraus ergibt sich folgende Strukturformel (ohne Prüfen auf Ladungen):

5. Ermitteln von Ladungen innerhalb des Moleküls

Für das Ermitteln der Ladungen werden die Elektronenpaare aufgeteilt. Wir zählen die Elektronen, die nach dieser Aufteilung den einzelnen Atomen zugeordnet sind. Bei den Wasserstoffatomen ist es jeweils ein Elektron. Da Wasserstoff auch ein Valenzelektron besitzt, stimmt die Anzahl der Valenzelektronen mit der Anzahl der im Molekül zugeordneten Elektronen überein und das Wasserstoffatom hat keine Ladung.

Dem Sauerstoffatom sind sechs Elektronen zugeordnet. Auch hier liegt keine Ladung vor, da diese Zahl mit der Anzahl der Valenzelektronen von Sauerstoff übereinstimmt.

Beispiel: Schwefeldioxid SO_2

1. Valenzelektronen aller Atome in der Verbindung zusammenzählen

Schwefel und Sauerstoff stehen jeweils in der sechsten Hauptgruppe, sodass jedes dieser Atome sechs Valenzelektronen hat. Wichtig: Es sind zwei Sauerstoffatome in dem Molekül gebunden!

Aus SO_2 erhalten wir insgesamt

$$6 + 6 \cdot 2 = 18$$

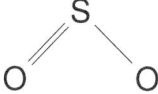

18 Valenzelektronen.

2. Anzahl der Elektronenpaare berechnen

Um die Anzahl der Elektronenpaare zu ermitteln, müssen wir die im ersten Schritt ermittelten Valenzelektronen durch zwei dividieren und erhalten

$$18 : 2 = 9$$

Elektronenpaare.

3. Bindende Elektronenpaare berechnen

Nun verwenden wir die bereits bekannte Formel aus dem Vorgehen. Es sind keine Wasserstoffatome, lediglich drei andere Atome in dem Molekül gebunden. Wir erhalten

$$\frac{2 \cdot 0 + 8 \cdot 3 - 18}{2} = 3$$

3 bindende und 6 freie Elektronenpaare.

4. Verteilen der bindenden und freien Elektronenpaare

Wir nehmen alle Atome und verteilen die bindenden Elektronenpaare. Um das gewählte Zentralatom (i.d.R. das Atom, welches einmal vorkommt) verteilen wir die anderen Atome außen herum.

Nun zählen wir erneut wie viele Elektronen jeweils fehlen.

Da das linke Sauerstoffatom vier Elektronen besitzt, fehlen noch vier weitere (zwei EP).

Das Schwefelatom hat sechs Elektronen, es fehlen also noch zwei (ein EP).

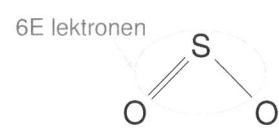

Das rechte Sauerstoffatom hat zwei Elektronen, es fehlen noch sechs (drei EP).

Daraus ergibt sich folgende Strukturformel (ohne Prüfen auf Ladungen):

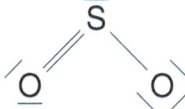

5. Ermitteln von Ladungen innerhalb des Moleküls

Für das Ermitteln der Ladungen teilen wir die Elektronenpaare nochmals auf. Wir zählen die Elektronen, die nach dieser Aufteilung den einzelnen Atomen zugeordnet sind. Dem linken Sauerstoffatom sind sechs Elektronen zugeordnet. Da es ebenfalls sechs Valenzelektronen besitzt, ergibt sich hier keine Ladung.

Dem Schwefelatom sind fünf Elektronen zugeordnet. Da Schwefel mit sechs Valenzelektronen versehen ist, ist ein Elektron weniger zugeordnet, was bedeutet, dass hier eine einfach-positive Ladung entsteht.

Dem rechten Sauerstoffatom sind sieben Elektronen zugeordnet, aber Sauerstoff hat sechs Valenzelektronen. Es liegt also eine negative Ladung mehr als gewöhnlich vor, weshalb eine einfach-negative Ladung entsteht.

Daraus ergibt sich insgesamt folgende Strukturformel:

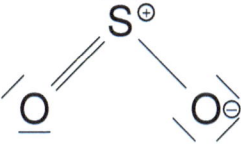

1.6 Räumlicher Bau von Molekülen

Bau von
Molekülen

Eine Strukturformel gibt uns zwar Auskunft darüber, wie die einzelnen Atome innerhalb eines Moleküls verknüpft sind, jedoch nicht darüber, wie sie räumlich angeordnet sind. Um diesen räumlichen Bau zu ermitteln, befolgen wir die folgenden Schritte:

1. Strukturformel aufstellen

2. Anzahl der an das Zentralatom gebundenen Atome und freien Elektronenpaare ermitteln

3. Grundstruktur ermitteln

4. Räumlichen Bau durch Wegdenken der freien Elektronenpaare in der Grundstruktur ermitteln

Übersicht der Grundstrukturen

Anzahl der ans Zentralatom gebundenen Partner (Atome und freie Elektronenpaare)	Grundstruktur
2	Gerade → linear
3	Dreieck → trigonal planar
4	Tetraeder

Damit wir uns das richtig vorstellen können, stellen wir die Moleküle Methan, Ammoniak und Wasser gegenüber:

Methan CH_4	Ammoniak NH_3	Wasser H_2O
Strukturformel: An das zentrale C-Atom sind vier H-Atome und keine freien EP gebunden.	Strukturformel: An das zentrale N-Atom sind drei H-Atome und ein freies EP gebunden.	Strukturformel: An das zentrale O-Atom sind zwei H-Atome und zwei freie EP gebunden.
An alle Moleküle sind insgesamt vier Atome/freie EP gebunden. ⇒ Grundstruktur mit vier Partnern: **Tetraeder**		
Da beim Methan kein freies Elektronenpaar am Zentralatom ist, entspricht die Grundstruktur, also der Tetraeder, dem tatsächlichen räumlichen Bau: 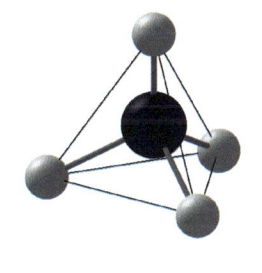	Am Zentralatom des Ammoniaks ist ein freies EP. Dieses müssen wir uns aus der tetraedrischen Grundstruktur wegdenken, um den tatsächlichen räumlichen Bau zu erhalten. Es ergibt sich eine **trigonale Pyramide** (also eine Pyramide mit dreieckiger Grundseite): 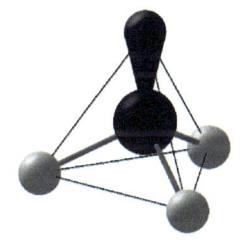	Am Zentralatom des Wassers sind zwei freie EP. Diese müssen wir uns ebenfalls aus der tetraedrischen Grundstruktur wegdenken, um den tatsächlichen räumlichen Bau zu erhalten. Es ergibt sich eine **gewinkelte Struktur**: 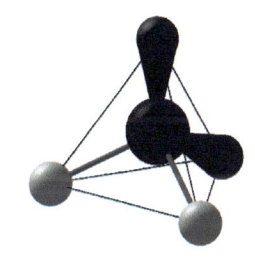

1.7 Elektronegativität und polare Bindungen

> Unter **Elektronegativität** (kurz: EN) eines Elementes verstehen wir ein Maß dafür, wie stark die Atome dieses Elementes gemeinsame Bindungselektronen anziehen.

Wir können einen Vergleich zum Tauziehen herstellen: Wenn eine der beiden Personen, die an dem Tau ziehen, stärker ist, zieht sie das Fähnchen in der Mitte näher zu sich. Auf die Teilchenebene übertragen, ist die Stärkere Person das Atom mit der höheren Elektronegativität, welches die Elektronen in einer Bindung näher zu sich zieht.

Elektronegativität

Jedes Element hat eine unterschiedliche Elektronegativität. Die Elektronegativität nimmt innerhalb einer Periode (von links nach rechts) zu und innerhalb einer

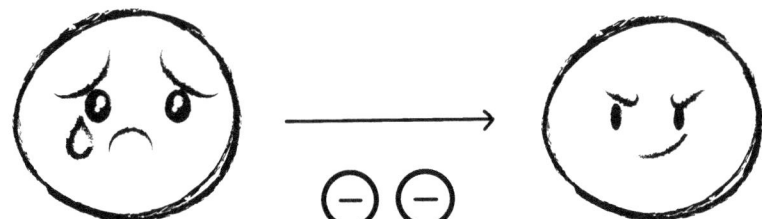

Gruppe (von oben nach unten) ab. Daraus ergibt sich, dass Fluor das Element mit der höchsten Elektronegativität ist. Warum steht dann nicht das Element Helium ganz rechts oben? Das liegt daran, dass die Gruppe der Edelgase bereits ein Oktett besitzt und somit keine Verbindungen eingeht.

Sobald zwei unterschiedliche Atome durch ein bindendes Elektronenpaar miteinander verbunden sind, werden die Elektronen also stets zu dem elektronegativeren Atom hingezogen. Auf diese Weise ergibt sich eine asymmetrische Ladungsverteilung. Diese Bindung nennen wir **polar**. Je stärker die Elektronen von einem Atom angezogen werden, umso polarer ist eine Bindung.

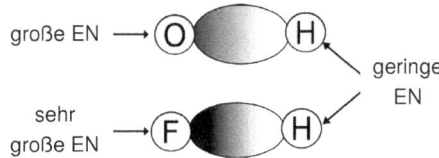

Bei einer Bindung zwischen zwei gleichen Atomen wird gleich stark an den Elektronen des bindenden Elektronenpaares gezogen, wodurch sich eine symmetrische Ladungsverteilung der Bindung ergibt. Hier sprechen wir von einer **unpolaren Bindung**.

Es existieren jedoch auch Bindungen, deren Elektronegativität sich kaum unterscheidet, weshalb wir dann nicht von einer polaren Bindung sprechen können. Um zu entscheiden, ob eine Bindung polar ist, benötigen wir die sogenannte **Elektronegativitätsdifferenz**. Dazu ziehen wir die Elektronegativität des einen Atoms von der Elektronegativität des anderen Atoms ab.

Elektronegativitätsdifferenz

$$\Delta EN = |EN_{Element\ 1} - EN_{Element\ 2}|$$

Im Allgemeinen ergibt sich folgende **Entscheidungsregel**:

$$\Delta EN > 1,7 \quad \text{Ionenbildung (KEINE Elektronenpaarbindung)}$$

$$0,4 < \Delta EN < 1,7 \quad \textbf{polare } \text{Elektronenpaarbindung}$$

$$\Delta EN < 0,4 \quad \textbf{unpolare } \text{Elektronenpaarbindung}$$

Für die Verständlichkeit schauen wir uns einige Beispiele an:

Natriumchlorid NaCl $\quad \Delta EN = 4 - 0,9 = 3,1 \quad \Rightarrow$ Ionenbindung

Magnesiumoxid MgO $\quad \Delta EN = 3,44 - 1,31 = 2,13 \quad \Rightarrow$ Ionenbindung

Wasserstoff $H_2 \quad \Delta EN = 2,2 - 2,2 = 0 \quad \Rightarrow$ unpolare Bindung

C-H-Bindung $\quad \Delta EN = 2,55 - 2,2 = 0,35 \quad \Rightarrow$ unpolare Bindung

O-H-Bindung $\quad \Delta EN = 3,44 - 2,2 = 1,24 \quad \Rightarrow$ polare Bindung

1.8 Polare und unpolare Moleküle

Liegt bei einem Molekül eine polare Bindung vor, so bedeutet das noch nicht, dass das Molekül als solches polar ist. Achtung: Hier vermischen sich die Begriffe polare Bindung und polares Molekül schnell.

Es stellt sich die Frage, wann ein Molekül polar ist. Hat ein Molekül keine polaren Bindungen inne, kann es auch selbst nicht polar sein. Sollten aber doch polare Bindungen vorliegen, ist der räumliche Bau von Relevanz.

(Un-)polare
Moleküle

1. Gibt es polare Bindungen?
   Wenn ja, wo werden die Elektronen hingezogen?

2. Ermitteln des räumlichen Baus.

3. Ermitteln der Ladungsschwerpunkte.

Beispiel: Wasser
Bei einem Wassermolekül liegen zwei polare Bindungen vor und die Elektronen werden vom Sauerstoff angezogen, weshalb hier eine negative Partialladung entsteht. An den Wasserstoffatomen entwickeln sich entsprechend positive Partialladungen. Der räumliche Bau ist gewinkelt. Da nur eine negative Partialladung besteht, liegt hier der negative Ladungsschwerpunkt. Wir finden jeweils bei den Wasserstoffatomen positive Partialladungen (insgesamt zwei), sodass der positive Ladungsschwerpunkt genau in der Mitte der beiden Wasserstoffatome liegt. Durch die gewinkelte Struktur des Moleküls fallen die Ladungsschwerpunkte nicht zusammen:

$\Rightarrow$ **polares** Molekül

Beispiel: Kohlenstoffdioxid
Das Kohlenstoffdioxidmolekül besitzt zwei polare Bindungen, wobei die Elektronen von den Sauerstoffatomen angezogen werden. Es entsteht je eine negative Partialladung an den Sauerstoffatomen. Am Kohlenstoffatom bildet sich somit

eine positive Partialladung, sodass hier auch gleichzeitig der positive Ladungsschwerpunkt liegt. Der negative Ladungsschwerpunkt liegt in der Mitte der beiden
negativen Partialladungen. Da durch den linearen Bau des Moleküls die Mitte zwischen den beiden Sauerstoffatomen vom Kohlenstoffatom gebildet wird, fallen die
Ladungsschwerpunkte zusammen:

$$\Rightarrow \textbf{upolares } \text{Molekül}$$

1.9 Zwischenmolekulare Wechselwirkungen

Zwischen-
molekulare WW

In diesem Abschnitt geht es um Wasserstoffbrückenbindungen und verschiedene
Arten von Van-der-Waals-Wechselwirkungen, welche unter den Begriff zwischenmolekulare Wechselwirkungen zusammengefasst werden. Vor allem spielen Wasserstoffbrückenbindungen eine bedeutende Rolle in der Natur. Die für die Entwick-
lung des Lebens auf der Erde wichtige Anomalie des Wassers ist maßgeblich auf
Wasserstoffbrücken zwischen den Molekülen zurückzuführen.

1.9.1 Wasserstoffbrückenbindungen

Wasserstoffbrückenbindungen stellen zwischenmolekulare Wechselwirkungen
zwischen einem positiv polarisierten Wasserstoffatom und einem freien Elektronenpaar dar. Es handelt sich hierbei um die stärksten zwischenmolekularen Wechselwirkungen.

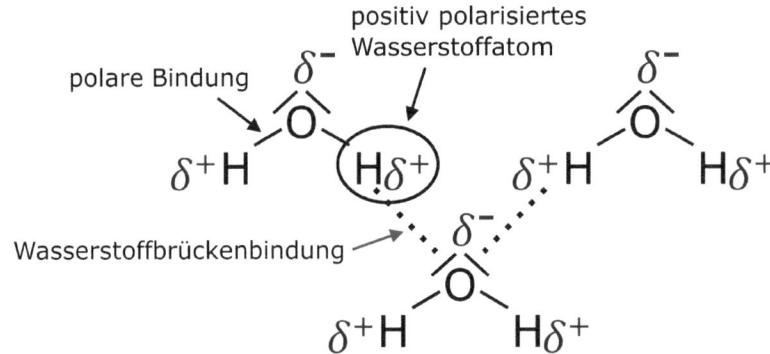

ABBILDUNG 1.2: WASSERSTOFFBRÜCKENBINDUNGEN BEI WASSERMOLEKÜLEN

1.9.2 Dipol-Dipol-Wechselwirkungen

Dipol-Dipol-Wechselwirkungen sind zwischenmolekulare Wechselwirkungen zwischen **permanenten Dipolen** (positiven und negativen Partialladungen). Sie tre-
ten demnach bei Molekülen auf, bei denen der positive Ladungsschwerpunkt nicht
mit dem negativen Ladungsschwerpunkt zusammenfällt.

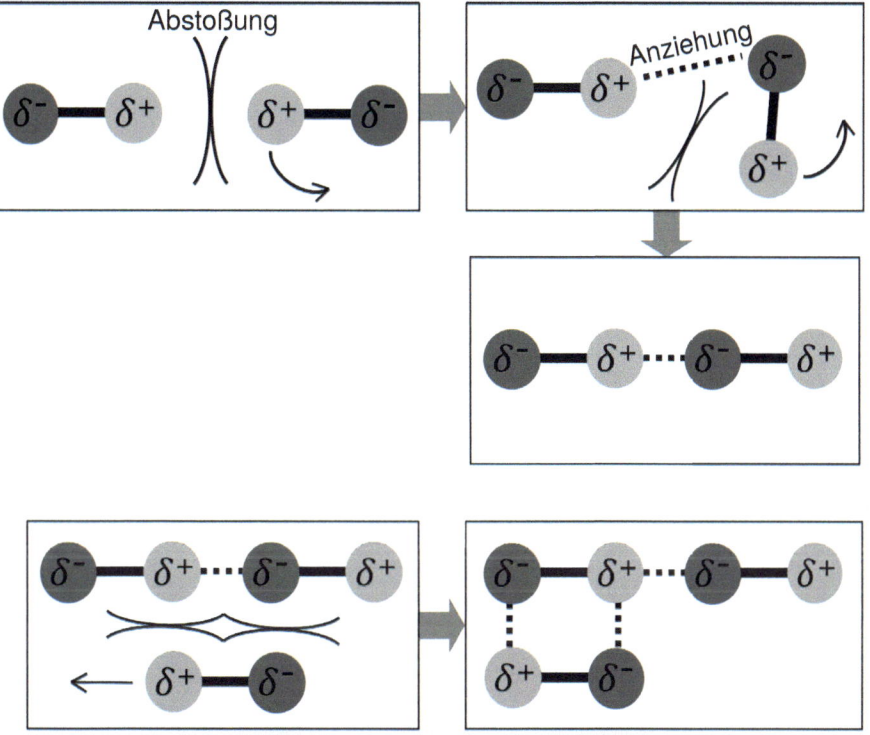

ABBILDUNG 1.3: DIPOL-DIPOL-WECHSELWIRKUNGEN

1.9.3 Van-der-Waals-Kräfte

Van-der-Waals-Kräfte sind zwischenmolekulare Wechselwirkungen zwischen ständig wechselnden spontanen und induzierten Dipolen.

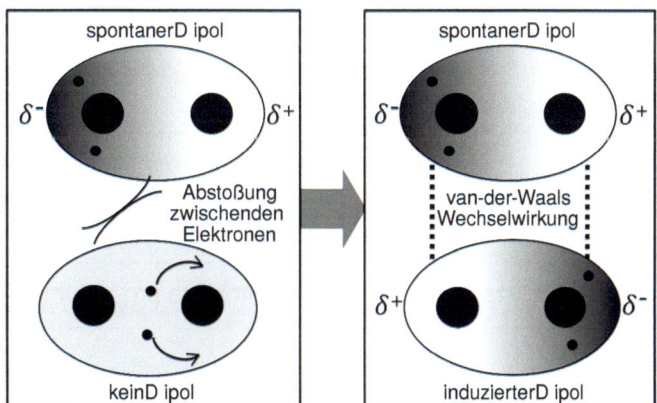

ABBILDUNG 1.4: VAN-DER-WAALS-WECHSELWIRKUNGEN ZWISCHEN SPONTANEN UND INDUZIERTEN DIPOLEN

Spontane Dipole entstehen durch die ständige Bewegung der Elektronen. Dabei kann es passieren, dass beide Elektronen sich gleichzeitig mehr bei einem der beiden Atome aufhalten. Der spontane Dipol wirkt sich nun auch auf die umliegenden Moleküle aus.

Da sich Elektronen gegenseitig abstoßen, werden die Elektronen in einem umliegenden Molekül durch die Elektronen des spontanen Dipols abgestoßen und zu dem entgegengesetzten Atom gelenkt. Dadurch entsteht ein weiterer Dipol, welchen wir **induzierten Dipol** nennen.

Jetzt liegt eine Dipol-Dipol-Wechselwirkung vor. Die van-der-Waals-Wechselwirkungen sind schwächer als Dipol-Dipol-Wechselwirkungen, da die entstandenen Dipole durch die Bewegung der Elektronen nicht dauerhaft sind und wieder unpolare Moleküle resultieren.

1.10 Stöchiometrische Berechnungen

Um die in der Chemie grundlegenden Berechnungen durchführen zu können, sollten wir die folgenden chemischen Größen mit ihren Einheiten kennen:

Größe mit Einheit	Bezeichnung	Beschreibung
m [g]	Masse	Gewicht eines Stoffes
$M \left[\frac{g}{mol}\right]$	Molare Masse	Proportionalitätsfaktor zwischen Masse und Stoffmenge
n [mol]	Stoffmenge	1 mol ist die Stoffmenge einer Stoffportion, die aus genauso vielen Teilchen (Atomen, Molekülen oder Ionen) besteht, wie Atome in 12 g des Kohlenstoffs enthalten sind
$N_A = 6{,}022 \cdot 10^{23} \left[\frac{1}{mol}\right]$	Avogadro-Konstante	Konstante: Teilchenzahl pro Stoffmenge
N	Teilchenzahl	Anzahl der Teilchen in einer Stoffportion
V [L]	Volumen	
$V_m = 22{,}4 \left[\frac{L}{mol}\right]$	Molares Volumen	Volumen, welches 1 mol der Substanz einnimmt; bei Normalbedingungen ist $V_m = 22{,}4 \left[\frac{L}{mol}\right]$
$c \left[\frac{mol}{L}\right]$	Konzentration	Stoffmenge pro Volumen

Die wichtigsten stöchiometrischen Formeln:

$$1. \; n = N \cdot N_A \qquad 2. \; M = \frac{m}{n} \qquad 3. \; V_m = \frac{V(\text{Gas})}{n(\text{Gas})} \qquad 4. \; c = \frac{n}{V}$$

Eine Rechenaufgabe in der Chemie beinhaltet i.d.R. die folgenden Schritte:

1. Reaktionsgleichung aufstellen

2. Stoffmengenverhältnis aufstellen

3. Umrechnung der bekannten Größe in die Stoffmenge

4. Berechnung der Stoffmenge der gesuchten Größe

5. Gesuchte Größe aus der Stoffmenge berechnen

Beispiel: Eisen und Sauerstoff reagieren zu 10 g Eisen-(III)-oxid. Gib die Masse des eingesetzten Eisens und das verbrauchte Sauerstoffvolumen an.

1. Reaktionsgleichung aufstellen $\quad 4\,Fe + 3\,O_2 \longrightarrow 2\,Fe_2O_3$

2. Stoffmengenverhältnis aufstellen

Wir stellen immer das Stoffmengenverhältnis aus der Stoffmenge des Stoffes, von dem eine Größe gesucht wird, und der Stoffmenge des Stoffes, von dem eine Größe gegeben ist, auf.

Hier also das Stoffmengenverhältnis aus der Stoffmenge von Eisen und Eisen-(III)-oxid und das Stoffmengenverhältnis aus Sauerstoff und Eisen-(III)-oxid. Kleiner Tipp: Wenn wir die Stoffmenge des gesuchten Stoffes immer in den Zähler schreiben, wird es später beim Auflösen nach dieser Stoffmenge leichter.

$$\frac{n(Fe)}{n(Fe_2O_3)} = \frac{4}{2} = \frac{2}{1} = 2 \quad \text{und} \quad \frac{n(O_2)}{n(Fe_2O_3)} = \frac{3}{2} = 1,5$$

3. Umrechnung der bekannten Größe in die Stoffmenge

In unserem Beispiel ist die Masse von Eisen-(III)-oxid gegeben ($m = 10$ g). Die Formeln, in der sowohl Stoffmenge als auch Masse vorkommen, ist:

$$M = \frac{m}{n}$$

Um die Stoffmenge berechnen zu können, benötigen wir also auch die molare Masse M. Dazu werfen wir einen Blick in das Periodensystem. Die molare Masse von Eisen beträgt 55,85 g/mol, die von Sauerstoff 16 g/mol. Im Eisen-(III)-oxid sind zwei Eisenatome und drei Sauerstoffatome gebunden. Um die molare Masse des Eisen-(III)-oxids zu berechnen, addieren wir zweimal die molare Masse des Eisens und dreimal die molare Masse des Sauerstoffs.

$$M(Fe_2O_3) = 2 \cdot M(Fe) + 3 \cdot M(O) = 2 \cdot 55,85\,\frac{g}{mol} + 3 \cdot 16\,\frac{g}{mol} = 159,70\,\frac{g}{mol}$$

Jetzt kennen wir zwei Größen aus der Formel und berechnen die Stoffmenge n.

$$M = \frac{m}{n} \quad | \cdot n$$

$$\Leftrightarrow \quad M \cdot n = m \quad | : M$$

$$\Leftrightarrow \quad n = \frac{m}{M}$$

In die nach der Stoffmenge aufgelösten Formel können wir nun die Masse und die molare Masse einsetzen:

$$n = \frac{10 \text{ g}}{159,70 \frac{\text{g}}{\text{mol}}} = 0,0626 \text{ mol}$$

4. Berechnung der Stoffmenge des gesuchten Stoffes

Im zweiten Schritt haben wir bereits die benötigten Stoffmengenverhältnisse aufgestellt. Diese lösen wir jetzt nach der Stoffmenge des gesuchten Stoffes auf und setzen die in Schritt drei berechnete Stoffmenge des Eisen-(III)-oxids ein.

$$\frac{n(\text{Fe})}{n(\text{Fe}_2\text{O}_3)} = 2 \quad | \cdot n(\text{Fe}_2\text{O}_3)$$

$$\Leftrightarrow \quad n(\text{Fe}) = 2 \cdot n(\text{Fe}_2\text{O}_3) = 2 \cdot 0,0626 \text{ mol} = 0,1252 \text{ mol}$$

$$\frac{n(\text{O}_2)}{n(\text{Fe}_2\text{O}_3)} = 1,5 \quad | \cdot n(\text{Fe}_2\text{O}_3)$$

$$\Leftrightarrow \quad n(\text{O}_2) = 1,5 \cdot n(\text{Fe}_2\text{O}_3) = 1,5 \cdot 0,0626 \text{ mol} = 0,0939 \text{ mol}$$

5. Gesuchte Größe aus der Stoffmenge berechnen

Um die Masse des eingesetzten Eisens zu berechnen, verwenden wir erneut die Formel $M = m/n$. In diesem Fall stellen wir sie nach der Masse m um:

$$M = \frac{m}{n} \quad | \cdot n \quad \Leftrightarrow \quad m = M \cdot n = 55,85 \frac{\text{g}}{\text{mol}} \cdot 0,1252 \text{ mol} = 6,99 \text{ g}$$

Beim Sauerstoff ist nach dem verbrauchten Volumen gefragt. Die Formel, welche sowohl die Stoffmenge als auch das Volumen enthält, ist

$$V_m = \frac{V}{n}$$

Das molare Volumen ist immer 22,4 L/mol. Wir lösen also die Formel nach dem Volumen auf und setzen dann nur noch Stoffmenge und molares Volumen ein.

$$V_m = \frac{V}{n} \quad | \cdot n \quad \Leftrightarrow \quad V = V_m \cdot n = 22,4 \frac{\text{L}}{\text{mol}} \cdot 0,0939 \text{ mol} = 2,1 \text{ L}$$

Die wichtigste Größe in der Chemie ist die **Stoffmenge** n. Das liegt vor allem daran, dass lediglich diese untereinander vergleichbar sind und somit das Stoffmengenverhältnis bei fast allen stöchiometrischen Berechnungen ermittelt werden muss.

2 Chemisches Gleichgewicht

Die meisten chemischen Reaktionen sind umkehrbar. Das bedeutet, dass eine Reaktion in beide Richtungen stattfindet. Bei solchen umkehrbaren Reaktionen stellt sich irgendwann ein sogenanntes chemisches Gleichgewicht ein.

Chemisches
Gleichgewicht

Dazu ein nicht-chemisches Beispiel:

Wir stellen uns vor, wir haben 50 Euro und unser Freund hat 10 Euro. Wir möchten ihn unterstützen, indem wir ihm täglich 20% von unserem Geld geben, erwarten im Gegenzug aber täglich 10% von seinem Geld. Jeden Tag gibt es eine entsprechende Geldübergabe.

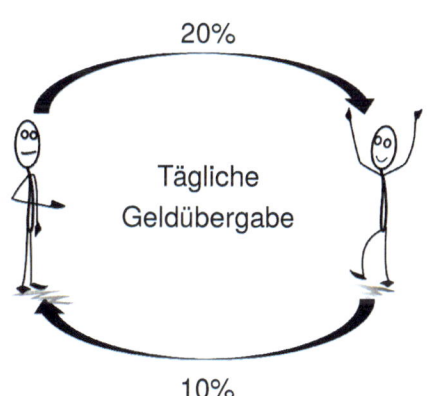

In der folgenden Tabelle sind die Geldbeträge, die wir und unser Freund an den jeweiligen Tagen nach der Geldübergabe haben, aufgeführt.

Tag	Wir	Unser Freund
1	41,00 Euro	19,00 Euro
2	34,70 Euro	25,30 Euro
3	30,29 Euro	29,71 Euro
⋮	⋮	⋮
25	20,00 Euro	40,00 Euro
26	20,00 Euro	40,00 Euro

Ab dem 25. Tag ändert sich an dem Geldbetrag den wir jeweils haben nichts mehr, auch wenn weiterhin die Geldanteile übergeben werden. Wir geben unserem Freund jetzt jeden Tag 4 Euro und er gibt uns auch 4 Euro. Es hat sich jetzt trotz der weiteren täglichen Übergabe ein Gleichgewicht eingestellt.

Nehmen wir dieselbe Situation, aber jetzt starten wir mit 0 Euro und unser Freund mit 60 Euro. Die Geldbeträge ändern sich dann wie folgt:

Tag	Wir	Unser Freund
1	6,00 Euro	54,00 Euro
2	10,20 Euro	49,80 Euro
3	13,14 Euro	46,86 Euro
⋮	⋮	⋮
22	20,00 Euro	40,00 Euro
23	20,00 Euro	40,00 Euro

Nach einer gewissen Zeit haben wir wieder die selben Gelbeträge.

Bei umkehrbaren chemischen Reaktionen verhält es sich genauso: es gibt eine Hin- und eine Rückreaktion, welche in bestimmten Geschwindigkeiten ablaufen. Unabhängig davon, mit welchen Mengen wir beginnen, liegt am Ende dasselbe Stoffmengenverhältnis vor.

Betrachten wir hierfür eine chemische Reaktion als **Beispiel**:

$$H_2 + I_2 \rightleftharpoons 2\,HI$$

Bei dieser Reaktion handelt es sich um eine umkehrbare Reaktion.

$$\text{Hinreaktion:} \quad H_2 + I_2 \longrightarrow 2\,HI$$
$$\text{Rückreaktion:} \quad 2\,HI \longrightarrow H_2 + I_2$$

Beide Reaktionen laufen mit einer bestimmten Reaktionsgeschwindigkeit ab, welche unter anderem von der Konzentration der jeweiligen Edukte abhängt.

$$\text{Geschwindigkeit Hinreaktion:} \quad v_{hin} = k_{hin} \cdot c(H_2) \cdot c(I_2)$$
$$\text{Geschwindigkeit Rückreaktion:} \quad v_{rück} = k_{rück} \cdot c(HI) \cdot c(HI) = k_{rück} \cdot c(HI)^2$$

k_{hin} und $k_{rück}$ sind die jeweiligen Reaktionskonstanten der Hin- und Rückreaktion. Bei der Geschwindigkeit der Rückreaktion müssen wir beachten, dass zwei Wasserstoffiodid-Moleküle vorliegen und die Konzentration des Wasserstoffiodids daher zweimal in die Berechnung der Reaktionsgeschwindigkeit eingeht.

Sobald sich eine Reaktion im Gleichgewicht befindet, sind die beiden Reaktionsgeschwindigkeiten gleich groß. Es ergibt sich daher folgender Zusammenhang:

$$v_{hin} = v_{rück}$$

$$\Rightarrow \quad k_{hin} \cdot c_{GG}(H_2) \cdot c_{GG}(I_2) = k_{rück} \cdot c_{GG}(HI)^2 \quad | : k_{rück}$$

$$\Leftrightarrow \quad \frac{k_{hin}}{k_{rück}} \cdot c_{GG}(H_2) \cdot c_{GG}(I_2) = c_{GG}(HI)^2 \quad | : (c_{GG}(H_2) \cdot c_{GG}(I_2))$$

$$\Leftrightarrow \quad \underbrace{\frac{k_{hin}}{k_{rück}}}_{=K_c} = \frac{c_{GG}(HI)^2}{c_{GG}(H_2) \cdot c_{GG}(I_2)} = \frac{c_{GG}(\text{Produkte})}{c_{GG}(\text{Edukte})}$$

Wir definieren den Bruch $k_{hin}/k_{rück}$ als **Gleichgewichtskonstante** K_c. Die Gleichgewichtskonstante gibt eine Aussage über die Lage des Gleichgewichts. Mit den Konzentrationen c_{GG} in der Gleichung sind diejenigen gemeint, die vorliegen, wenn das Gleichgewicht sich eingestellt hat.

Übertragen auf das Geldbeispiel am Anfang bedeutet das Folgendes:

Die 20%, die wir unserem Freund geben, entsprechen der Reaktionskonstante der Hinreaktion k_{hin}. Die 10%, welche unser Freund uns gibt, entsprechen der Reaktionskonstante der Rückreaktion $k_{rück}$.

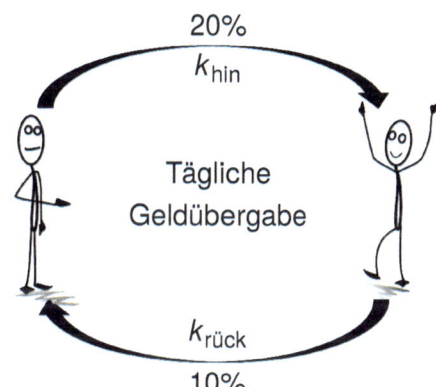

Die Konzentrationen der Edukte sind die jeweiligen Geldbeträge an den einzelnen Tagen, die wir besitzen und die Konzentrationen der Produkte entsprechend die Geldbeträge an den einzelnen Tagen, die unser Freund besitzt. Die Konzentration $c_{GG}(\text{Edukte})$ im Gleichgewichtszustand sind die 20 Euro die wir am Ende unverändert besitzen und entsprechend $c_{GG}(\text{Produkte})$ im Gleichgewicht die 40 Euro, die unser Freund am Ende unverändert besitzt. Zusammengefasst gilt hier also:

$$K_c = \frac{20\%}{10\%} = \frac{40 \text{ Euro}}{20 \text{ Euro}} = \frac{c_{GG}(\text{Produkte})}{c_{GG}(\text{Edukte})}$$

1. Bei umkehrbaren Reaktionen stellt sich irgendwann ein Gleichgewicht ein.

2. Im GG ändern sich die Stoffmengen der Edukte und Produkte nicht mehr.

3. Die Hin- und Rückreaktion finden nach wie vor statt, ändern jedoch an den Stoffmengen nichts mehr.

2.1 Massenwirkungsgesetz

Massen-
wirkungsgesetz

Jetzt haben wir ein nicht-chemisches Beispiel und eine chemische Beispielreaktion genauer betrachtet, jedoch fehlt uns noch eine allgemeingültige Aussage, die auf jede beliebige umkehrbare Reaktion anwendbar ist. Daher betrachten wir nun eine ganz allgemeine Reaktion:

$$a\,A + b\,B \rightleftharpoons d\,D + e\,E$$

Die kleinen Buchstaben sind die Koeffizienten (geben die Anzahl der jeweiligen Teilchen an), die Großbuchstaben stellen ein beliebiges Teilchen dar.

Die **Gleichgewichtskonstante** ergibt sich hier folgendermaßen:

$$K_c = \frac{c_{GG}(\text{Produkte})}{c_{GG}(\text{Edukte})} = \frac{c(D)^d \cdot c(E)^e}{c(A)^a \cdot c(B)^b}$$

Diese Formel wird auch **Massenwirkungsgesetz** (kurz: MWG) genannt. Die Gleichgewichtskonstante gibt Aufschluss auf die Lage des Gleichgewichts.

Ist die Gleichgewichtskonstante

- $K_c > 1$, liegen mehr Produkte als Edukte vor und das **Gleichgewicht liegt auf der rechten Seite** oder

- $K_c < 1$, gibt es mehr Edukte als Produkte und das **Gleichgewicht liegt auf der linken Seite**.

Mithilfe des Massenwirkungsgesetzes können wir nun einige Berechnungen durchführen. Dabei beachten wir wieder fünf wichtige Schritte:

1. Aufstellen der Reaktionsgleichung.

2. Formulieren des MWG für die Reaktion.

3. Gesuchte und gegebene Größen ermitteln.

   - Wichtig: Im MWG stehen nur Konzentrationen während des Gleichgewichtszustands, keine Anfangskonzentrationen.

   - Sollten Anfangskonzentrationen gegeben sein, leiten wir die Stoffmengenverhältnisse aus der Reaktionsgleichung ab und berechnen daraus die GG-Konzentrationen .

4. Einsetzen aller gegebenen Größen in das MWG.

5. Auflösen nach gesuchter Größe.

Zur besseren Veranschaulichung sehen wir uns zwei Beispiele an.

Beispiel: In einem Zylinder mit einem Liter Volumen werden 8 mol Wasserstoff und 5 mol Stickstoff zur Reaktion gebracht, wobei Ammoniak in einer Konzentration von 2,5 mol/L entsteht. Berechne die Gleichgewichtskonstante K_c.

1. Aufstellen der Reaktionsgleichung

$$N_2 + 3\,H_2 \rightleftharpoons 2\,NH_3$$

2. Sobald wir die Reaktionsgleichung kennen, können wir daraus das MWG für diese Reaktion formulieren:

$$K_c = \frac{c(NH_3)^2}{c(N_2)^1 \cdot c(H_2)^3}$$

3. Jetzt ermitteln wir die gesuchte Größe (Gleichgewichtskonstante) unter Berücksichtigung der gegebenen Werte.
Bekannt: $V = 1\,L$, $n_0(H_2) = 8\,mol$, $n_0(N_2) = 5\,mol$, $c(NH_3) = 2,5\,mol/L$

Um das MWG verwenden zu können, benötigen wir jeweils die Konzentrationen im Gleichgewichtszustand. Die von Ammoniak ist bereits gegeben. Um die von Wasserstoff und Stickstoff zu ermitteln, berechnen wir zunächst die Anfangskonzentrationen aus den anfänglichen Stoffmengen:

$$c_0(H_2) = \frac{8\,mol}{1\,L} = 8\,\frac{mol}{L} \quad \text{und} \quad c_0(N_2) = \frac{5\,mol}{1\,L} = 5\,\frac{mol}{L}$$

Um jetzt herauszufinden, wie viel Wasserstoff und Stickstoff nach Einstellung des Gleichgewichts noch vorhanden sind, benötigen wir zunächst die jeweiligen Stoffmengenverhältnisse zum entstehenden Ammoniak.

$$\frac{n(H_2)}{n(NH_3)} = \frac{3}{2} \Rightarrow n(H_2) = \frac{3}{2} \cdot n(NH_3)$$

Die Stoffmenge an Wasserstoff, die wir für die Herstellung von Ammoniak benötigen, ist also 1,5-mal so groß wie die Stoffmenge des entstehenden Ammoniaks.

$$\frac{n(N_2)}{n(NH_3)} = \frac{1}{2} \Rightarrow n(N_2) = \frac{1}{2} \cdot n(NH_3)$$

Die Stoffmenge an Stickstoff, die wir für die Herstellung von Ammoniak benötigen, ist 0,5-mal so groß wie die Stoffmenge des entstehenden Ammoniaks.

Diese Zusammenhänge können wir auf die Konzentrationen übertragen, da alles bei gleichem Volumen vorliegt:

$$c_{Verbrauch}(H_2) = \frac{3}{2} \cdot c(NH_3) \quad \text{und} \quad c_{Verbrauch}(N_2) = \frac{1}{2} \cdot c(NH_3)$$

Da wir jetzt wissen, wie viel Wasserstoff und Stickstoff bei dieser Reaktion verbraucht werden, können wir berechnen, wie viel noch übrig bleibt:

$$c_{GG}(H_2) = c_0(H_2) - c_{Verbrauch}(H_2) = 8\,\frac{mol}{L} - \frac{3}{2} \cdot 2{,}5\,\frac{mol}{L} = 4{,}25\,\frac{mol}{L}$$

$$c_{GG}(N_2) = c_0(N_2) - c_{Verbrauch}(N_2) = 5\,\frac{mol}{L} - \frac{1}{2} \cdot 2{,}5\,\frac{mol}{L} = 3{,}75\,\frac{mol}{L}$$

4. Jetzt setzen wir die Konzentrationen in das Massenwirkungsgesetz ein:

$$K_c = \frac{\left(2{,}5\,\frac{mol}{L}\right)^2}{\left(4{,}25\,\frac{mol}{L}\right)^3 \cdot 3{,}75\,\frac{mol}{L}} = 0{,}022$$

Mit der Gleichgewichtskonstante können wir jetzt bestimmen, auf welcher Seite das Gleichgewicht liegt. Da $K_c < 1$, liegt das Gleichgewicht auf der linken Seite (wir haben also mehr Edukte als Produkte).

Beispiel: Die Gleichgewichtskonstante der Reaktion von Wasserstoff und Iod zu Wasserstoffiodid liegt bei $T = 448°C$ bei $K_c = 51$. In einem Zylinder mit 2 L Volumen werden 3 mol Wasserstoff und 2 mol Iod zur Reaktion gebracht. Berechne die Konzentrationen der Produkte und Edukte, die vorliegen, wenn sich das chemische Gleichgewicht eingestellt hat.

1. Aufstellen der Reaktionsgleichung

$$H_2 + I_2 \rightleftharpoons 2\,HI$$

2. Formulieren des MWG für die Reaktion:

$$K_c = \frac{c(HI)^2}{c(H_2)^1 \cdot c(I_2)^1}$$

3. Jetzt ermitteln wir die gesuchte Größe, hier $c_{GG}(HI), c_{GG}(H_2)$ und $c_{GG}(I_2)$ unter Berücksichtigung der gegebenen Werte.
Bekannt: $K_c = 51, n_0(H_2) = 3$ mol, $n_0(I_2) = 2$ mol, $V = 2$ L

Auch hier müssen wir uns wieder überlegen, wie viel der jeweiligen Stoffe nach Einstellung des chemischen Gleichgewichts vorliegt. Da wir nicht wissen, wie viel Wasserstoffiodid entsteht (anders als beim vorherigen Beispiel), vergeben wir hierfür die Variable x. Nun stellen wir, wie im vorherigen Beispiel, die Stoffmengen- bzw. Konzentrationsverhältnisse auf:

$$\frac{n(H_2)}{n(HI)} = \frac{1}{2} \Rightarrow n(H_2) = \frac{1}{2} \cdot n(HI) \Rightarrow c_{Verbrauch}(H_2) = \frac{1}{2} \cdot c_{GG}(HI)$$

$$\frac{n(I_2)}{n(HI)} = \frac{1}{2} \Rightarrow n(I_2) = \frac{1}{2} \cdot n(HI) \Rightarrow c_{Verbrauch}(I_2) = \frac{1}{2} \cdot c_{GG}(HI)$$

Der Übersicht wegen stellen wir die Anfangskonzentrationen und die Konzentrationen im Gleichgewicht (ohne Einheiten) in einer Tabelle dar:

	HI	H_2	I_2
c_0	0	$\frac{n_0}{V} = \frac{3}{2} = 1{,}5$	$\frac{n_0}{V} = \frac{2}{2} = 1$
c	x	$c_0 - c_{\text{Verbrauch}} = 1{,}5 - \frac{1}{2} \cdot x$	$c_0 - c_{\text{Verbrauch}} = 1 - \frac{1}{2} \cdot x$

4. Einsetzen aller gegebenen Größen in das MWG

Die Werte aus der Tabelle können wir jetzt gemeinsam mit dem Wert der Gleichgewichtskonstante K_c in das MWG einsetzen.

$$51 = \frac{x^2}{\left(1{,}5 - \frac{1}{2} \cdot x\right) \cdot \left(1 - \frac{1}{2} \cdot x\right)}$$

5. Wir fassen zusammen und lösen nach gesuchter Größe, in diesem Fall x, auf:

$$
\begin{aligned}
51 &= \frac{x^2}{0{,}25x^2 - 1{,}25x + 1{,}5} \quad | \cdot (0{,}25x^2 - 1{,}25x + 1{,}5) \\
\Leftrightarrow \quad 51 \cdot (0{,}25x^2 - 1{,}25x + 1{,}5) &= x^2 \\
\Leftrightarrow \quad 12{,}75x^2 - 63{,}75x + 76{,}5 &= x^2 \quad | - x^2 \\
\Leftrightarrow \quad 11{,}75x^2 - 63{,}75x + 76{,}5 &= 0
\end{aligned}
$$

Es liegt jetzt eine quadratische Gleichung in Normalform vor, welche wir mit der Mitternachtsformel (pq-Formel ist auch möglich, aber dafür muss die Gleichung zunächst durch 11,75 geteilt werden) lösen:

$$x_{1,2} = \frac{63{,}75 \pm \sqrt{63{,}75^2 - 4 \cdot 11{,}75 \cdot 76{,}5}}{2 \cdot 11{,}75} \Rightarrow x_1 = 3{,}63 \wedge x_2 = \underline{\underline{1{,}79}}$$

Für die entstehende und im Gleichgewicht vorliegende Wasserstoffiodid-Konzentration haben wir zuvor die Variable x festgelegt. Wir setzen die möglichen Werte für x in die Tabelle ein und sehen schnell, welcher Wert der korrekte ist.

	HI	H_2	I_2	
c_0	3,63	$c_0 - c_{\text{Verbrauch}} = 1{,}5 - \frac{1}{2} \cdot 3{,}63 = -0{,}315$	$c_0 - c_{\text{Verbrauch}} = 1 - \frac{1}{2} \cdot 3{,}63 = -0{,}815$	↯
c	1,79	$c_0 - c_{\text{Verbrauch}} = 1{,}5 - \frac{1}{2} \cdot 1{,}79 = 0{,}605$	$c_0 - c_{\text{Verbrauch}} = 1 - \frac{1}{2} \cdot 1{,}79 = 0{,}105$	✓

Bei der ersten Lösung würden sich negative Konzentrationen für Wasserstoff und Iod bei Einstellung des Gleichgewichts ergeben. Da eine Konzentration niemals negativ sein kann, ist dieses Ergebnis falsch. Bei der zweiten Lösung erhalten wir hierfür positive Werte. Also kann nur die zweite Lösung richtig sein.

Wir kennen also jetzt alle gesuchten Konzentrationen:

$$c_{\text{GG}}(\text{HI}) = 1{,}79 \, \frac{\text{mol}}{\text{L}}, \quad c_{\text{GG}}(\text{H}_2) = 0{,}605 \, \frac{\text{mol}}{\text{L}}, \quad c_{\text{GG}}(\text{I}_2) = 0{,}105 \, \frac{\text{mol}}{\text{L}}$$

2.2 Beeinflussung der Gleichgewichtslage

Gleich-
gewichtslage

Wenn uns eine Reaktion vorliegt, bei der das Gleichgewicht stark auf der Seite der Edukte liegt, wir aber eigentlich die Produkte erzeugen wollen, benötigen wir enorm viele Edukte. Es gibt aber auch noch die Möglichkeit, auf das Gleichgewicht selbst einzuwirken.

> **Wenn auf eine chemische Reaktion, die sich im Gleichgewicht befindet, ein äußerer Zwang ausgeübt wird, weicht das Gleichgewicht diesem Zwang ausweicht.**

Dieses Prinzip nennt man das **Gesetz vom kleinsten Zwang** oder **Prinzip von Le Chatelier**.

Jetzt stellt sich die Frage, was ein solcher Zwang ist. Das können ganz verschiedene Einflüsse sein. Wir können ein chemisches Gleichgewicht durch Änderung folgender Größen verschieben:

- Druck
- Temperatur
- Konzentration

Um zu verstehen, wie und warum das Gleichgewicht durch eine Änderung verschoben wird, betrachten wir die Einflussgrößen im Folgenden genauer.

2.2.1 Temperatur

Bei einer chemischen Reaktion kennen wir bereits die Begriffe endotherm und exotherm.

$$\text{Edukte} \underset{\text{endotherm}}{\overset{\text{exotherm}}{\rightleftharpoons}} \text{Produkte}$$

Wenn die Temperatur erhöht wird, verschiebt sich das Gleichgewicht der Reaktion hin zur endothermen Reaktion (hier nach links), da eine Temperaturerhöhung bedeutet, dass jetzt mehr Energie zur Verfügung steht, welche „aufgebraucht werden muss". Um diese Energie aufzubrauchen, läuft die endotherme Reaktion verstärkt ab.

$$\text{Temperatur\textbf{erhöhung}: } \text{Edukte} \underset{\text{endotherm}}{\overset{\text{exotherm}}{\rightleftharpoons}} \text{Produkte}$$

Wird die Temperatur gesenkt, verschiebt sich im Gegenzug das Gleichgewicht zur exothermen Reaktion (hier nach rechts). Wird die Temperatur gesenkt, heißt das, dass weniger Energie hinzugeführt wird. Das System möchte das ausgleichen, indem mehr Energie erzeugt wird. Also läuft die exotherme Reaktion verstärkt ab.

$$\text{Temperatur\textbf{senkung}: } \text{Edukte} \underset{\text{endotherm}}{\overset{\text{exotherm}}{\rightleftharpoons}} \text{Produkte}$$

2.2.2 Druck

Eine Druckänderung wirkt sich nur auf das Gleichgewicht einer Reaktion aus, wenn Gase an der Reaktion beteiligt sind. Bei Stoffen in gasförmigem Zustand entfernen sich die Teilchen so weit voneinander wie möglich. Je mehr Teilchen vorhanden sind, umso mehr Platz benötigen diese entsprechend. Wenn sich der Platz jetzt verringert (**Druckerhöhung**), wird das Gleichgewicht auf die Seite verschoben, auf der weniger Gasteilchen vorliegen.

Das können wir mit Menschen in einem sehr kleinen Raum vergleichen. Es ist beispielsweise kein Problem, wenn zwei Personen in diesem kleinen Raum sind. Versuchen wir jetzt aber sieben Personen in demselben Raum unterzubringen, wird das durchaus unangenehm und jeder würde gerne flüchten. Genauso verhält es sich bei den Gasteilchen auch und die Reaktion läuft in die Richtung ab, bei der weniger Teilchen sich den kleinen Raum teilen müssen.

Wird jetzt der **Druck** allerdings **gesenkt**, steht mehr Platz für die Teilchen zur Verfügung. In diesem Fall wird das Gleichgewicht in die Richtung verschoben, auf der mehr Gasteilchen vorhanden sind. Machen wir auch hier wieder den Vergleich mit mehreren Menschen in einem Raum: Wir stellen uns vor, dass wir alleine in einem riesigen Saal stehen. Da wir uns hier aber einsam fühlen, holen wir all unsere Freunde dazu.

Wir betrachten das Ganze jetzt noch an einer Beispielreaktion: Stickstoff und Wasserstoff reagieren zu Ammoniak.

$$N_2 + 3\,H_2 \rightleftharpoons 2\,NH_3$$

Auf der linken Seite haben wir ein Stickstoff-Molekül und drei Wasserstoff-Moleküle, auf der rechten Seite stehen zwei Ammoniak-Moleküle. Alle an dieser Reaktion beteiligten Moleküle sind gasförmig. Das bedeutet, dass auf der linken Seite insgesamt vier Gasteilchen sind und auf der rechten nur zwei. Was passiert jetzt, wenn wir den Druck erhöhen?

Eine Druckerhöhung löst aus, dass weniger Platz zur Verfügung steht. Die vier Teilchen auf der linken Seite werden im Vergleich zu den zwei Teilchen auf der rechten Seite extrem eingeengt. Das Gleichgewicht verschiebt sich somit auf die Seite, auf der die Teilchen weniger eingeengt sind (die rechte Seite). Analog dazu wird das Gleichgewicht bei Drucksenkung nach links verschoben.

2.2.3 Konzentration

Eine letzte Möglichkeit, das Gleichgewicht einer chemischen Reaktion zu verschieben, ist die Änderung von Konzentrationen. Betrachten wir dieselbe Reaktion wie bei der Druckänderung: $N_2 + 3\,H_2 \rightleftharpoons 2\,NH_3$

Hier liegt das Gleichgewicht stark auf der linken Seite (vgl. erste Beispiel – Berechnungen mit dem MWG). Wenn wir jetzt Ammoniak herstellen wollen, ist es nicht von Vorteil, wenn die Reaktion kaum abläuft. Wie können wir das Gleichgewicht also auf die rechte Seite verschieben?

Erhöhen wir die Konzentration eines Eduktes, beispielsweise des Stickstoffs, versucht das System diesem Überschuss an Stickstoff auszuweichen, indem die Reaktion so verstärkt abläuft, dass der überschüssige Stickstoff abgebaut wird.

Also wird die Reaktion auf die rechte Seite verschoben. Es ist auch möglich, die Konzentration des entstehenden Ammoniaks immer wieder zu verringern, indem wir das entstandene Ammoniak aus der Reaktion entfernen. Dann würde ein Ammoniakmangel vorliegen, welcher ausgeglichen werden muss. Auch hier wird das Gleichgewicht nach rechts verschoben, weil die Reaktion in diese Richtung verstärkt abläuft, in der wieder mehr Ammoniak hergestellt wird um den Mangel auszugleichen.

2.2.4 Katalysator

Wenn wir einen Katalysator bei einer Gleichgewichtsreaktion einsetzen, wird die Lage des Gleichgewichts **nicht** verändert. Mit dem Einsatz eines Katalysators können wir nur die Reaktionsgeschwindigkeit erhöhen, sodass sich das Gleichgewicht schneller einstellt.

2.2.5 Übersicht der Gleichgewichtsverschiebungen

Art der Veränderung	Änderung der Gleichgewichtslage
Temperaturerhöhung	begünstigt endotherme Reaktion
Temperatursenkung	begünstigt exotherme Reaktion
Druckerhöhung (nur wenn Gase beteiligt)	begünstigt Reaktion, bei der weniger Gasteilchen entstehen
Drucksenkung (nur wenn Gase beteiligt)	begünstigt Reaktion, bei der mehr Gasteilchen entstehen
Konzentrationserhöhung	begünstigt Reaktion, bei der der Stoff verbraucht wird
Konzentrationssenkung	begünstigt Reaktion, bei der der Stoff nachgebildet wird
Einsatz Katalysator	keine Verschiebung des Gleichgewichts

2.3 Entropie

Im Zusammenhang mit Reaktionen kennen wir bisher nur den Begriff der Reaktionswärme bzw. wissen, ob Energie frei wird oder ob welche aufgewendet werden muss. Im Bereich der chemischen Reaktionen gibt es noch eine weitere wichtige Größe: die Entropie.

Entropie

> Die **Entropie** ist ein Maß für die Unordnung, die ein System aufweist. Je höher die Unordnung ist, umso höher ist auch die Entropie. Wird durch eine chemische Reaktion die Unordnung erhöht, so handelt es sich um eine positive Entropieänderung ΔS; wird mehr Ordnung erzeugt, handelt es sich um eine negative Entropieänderung ΔS.

Wie wird die Entropie erhöht?

- Sind auf der Seite der Produkte mehr Teilchen vorhanden als bei den Edukten, nimmt die Entropie zu.

- Entstehen bei der Reaktion aus einem Feststoff Flüssigkeiten oder Gase oder aus Flüssigkeiten Gase, nimmt die Entropie zu.

2.4 Richtung spontaner Vorgänge

Aber wozu ist die Entropie jetzt eigentlich gut? Wenn wir die Entropieänderung ΔS und die Reaktionsenergie ΔE (wenn $\Delta E < 0$ handelt es sich um eine exotherme Reaktion und es wird Energie frei; wenn $\Delta E > 0$ handelt es sich um eine endotherme Reaktion und es muss Energie aufgewendet werden) kennen, dann können wir mithilfe der **Gibbs'schen Energie** ΔG (auch **freie Energie**) bestimmen, ob eine Reaktion freiwillig abläuft oder nicht. Die Gibbs'sche Energie können wir mit der Gleichung

$$\Delta G = \Delta E - T \cdot \Delta S$$

berechnen, mit ΔE als Reaktionsenergie und T als Temperatur in Kelvin.

> Setzen wir die Werte für die Reaktionswärme, Temperatur und Entropieänderung in die Gleichung ein, ergeben sich für ΔG positive oder negative Werte:
>
> $\Delta G < 0$:   **exergonische** Reaktion $\Rightarrow$ die Reaktion läuft freiwillig ab
>
> $\Delta G > 0$:   **endergonische** Reaktion $\Rightarrow$ die Reaktion läuft nicht freiwillig ab

Insgesamt lassen sich mit der Reaktionswärme ΔE und der Entropieänderung ΔS vier verschiedene Fälle für die Gibbs'sche Energie unterscheiden:

1. $\underline{\Delta E < 0 \text{ und } \Delta S > 0}$:

   In diesem Fall ziehen wir eine positive Zahl von einer negativen ab, das bedeutet, dass die Gibbs'sche Energie ΔG unabhängig von der Temperatur immer negativ ist und derartige Reaktionen immer freiwillig ablaufen. Bsp.:

$$\Delta E = -10 \text{ kJ}, T = 200 \text{ K}, \Delta S = 0,5 \text{ kJ/K}$$
$$\Delta G = -10 \text{ kJ} - 200 \text{ K} \cdot 0,5 \text{ kJ/K} = -110 \text{ kJ} \Rightarrow \text{exergonisch}$$

2. $\underline{\Delta E > 0 \text{ und } \Delta S < 0}$:

   Hier ziehen wir eine negative Zahl von einer positiven ab. Durch die Differenz einer negativen Zahl ergibt sich insgesamt eine Addition. Daher ist die Gibbs'sche Energie ΔG unabhängig von der Temperatur immer positiv und solche Reaktionen laufen nie freiwillig ab. Bsp.:

$$\Delta E = 56 \text{ kJ}, T = 200 \text{ K}, \Delta S = -0,2 \text{ kJ/K}$$
$$\Delta G = 56 \text{ kJ} - 200 \text{ K} \cdot (-0,2 \text{ kJ/K}) = 96 \text{ kJ} \Rightarrow \text{endergonisch}$$

3. $\underline{\Delta E < 0 \text{ und } \Delta S < 0}$:

   Hier ist es abhängig von der Temperatur, ob die Reaktion freiwillig abläuft oder nicht. Reaktionen dieser Art können nur bei niedrigen Temperaturen ablaufen. Bsp.:

   1. $\Delta E = -90 \text{ kJ}, T = 100 \text{ K}, \Delta S = -0,4 \text{ kJ/K}$
      $\Delta G = -90 \text{ kJ} - 100 \text{ K} \cdot (-0,4 \text{ kJ/K}) = -50 \text{ kJ} < 0 \Rightarrow \text{exergonisch}$
   2. $\Delta E = -90 \text{ kJ}, T = 300 \text{ K}, \Delta S = -0,4 \text{ kJ/K}$
      $\Delta G = -90 \text{ kJ} - 300 \text{ K} \cdot (-0,4 \text{ kJ/K}) = 30 \text{ kJ} > 0 \Rightarrow \text{endergonisch}$

4. $\underline{\Delta E > 0 \text{ und } \Delta S > 0}$:

   In diesem Fall hängt es ebenfalls von der Temperatur ab, ob die Reaktion freiwillig abläuft oder nicht. Solche Reaktionen laufen nur dann freiwillig ab, wenn die Temperatur sehr hoch ist. Bsp.:

   1. $\Delta E = 55 \text{ kJ}, T = 100 \text{ K}, \Delta S = 0,3 \text{ kJ/K}$
      $\Delta G = 55 \text{ kJ} - 100 \text{ K} \cdot 0,3 \text{ kJ/K} = 25 \text{ kJ} > 0 \Rightarrow \text{endergonisch}$
   2. $\Delta E = 55 \text{ kJ}, T = 500 \text{ K}, \Delta S = 0,3 \text{ kJ/K}$
      $\Delta G = 55 \text{ kJ} - 500 \text{ K} \cdot 0,3 \text{ kJ/K} = -95 \text{ kJ} < 0 \Rightarrow \text{exergonisch}$

2.5 Fließgleichgewichte

In diesem Zusammenhang liegt noch ein zu beachtender Sonderfall vor: das **Fließgleichgewicht**. Es handelt sich dabei um Prozesse, bei denen mehrere Reaktionen miteinander gekoppelt sind und sich daher nie ein chemisches Gleichgewicht einstellen kann, da die Produkte einer Reaktion stets in einer anderen Reaktion weiter reagieren.

Zufuhr

$$A + B \rightleftharpoons C$$

$$C \rightleftharpoons D$$

Entzug

$$D \rightleftharpoons E + F$$

Trotzdem ist festzustellen, dass die Konzentrationen der einzelnen Stoffe relativ konstant sind. Das liegt daran, dass die Reaktionsgeschwindigkeit der Bildung und des Verbrauchs der Stoffe ungefähr gleich groß sind. Es handelt sich hier um ein Gleichgewicht, das nicht mithilfe des Massenwirkungsgesetzes erklärt werden kann, da es sich nicht um ein chemisches Gleichgewicht handelt. Das eingestellte Gleichgewicht ist abhängig von der Zufuhr der Edukte und dem Entzug der Produkte.

3 Protolysegleichgewichte

3.1 Säure-Base-Chemie

Säuren und Basen haben wir bereits in der Mittelstufe kennengelernt. Als kleine Wiederholung hier noch einmal die Definition nach Brønstedt:

Säure-Base-Chemie

- **Säuren** sind Stoffe, die Protonen (H^+) abgeben und werden daher auch **Protonendonatoren** genannt.

- **Basen** sind Stoffe, die Protonen (H^+) aufnehmen und werden daher auch **Protonenakzeptoren** genannt.

- Eine **Säure-Base-Reaktion** ist eine chemische Reaktion, bei der ein **Protonenübergang** von der Säure zur Base stattfindet.

- Eine **Protolyse** ist eine chemische Reaktion, bei der ein Proton von einer Säure auf eine Base übergeht.

Wichtig: Eine Säure kann nur Protonen abgeben, wenn sie jemand aufnimmt (eine Base) und andersherum.

Bei einer Säure-Base-Reaktion wird aus jeder Säure eine korrespondierende Base und aus jeder Base eine korrespondierende Säure.

$$H\!-\!\!-\!X \ + \ IY \ \rightleftharpoons \ X^- \ + \ H\!-\!\!-\!Y^+$$
$$\text{Säure 1} \quad \text{Base 2} \qquad \text{Base 1} \quad \text{Säure 2}$$

Beispiel: Schwefelsäure und Ammoniak

$$H_2SO_4 \ + \ NH_3 \ \rightleftharpoons \ HSO_4^- \ + \ NH_4^+$$

Die zur Schwefelsäure korrespondierende Base HSO_4^- hat noch ein Proton, welches sie abgeben kann, daher kann sie als Säure weiterreagieren.

$$HSO_4^- + NH_3 \rightleftharpoons SO_4^{2-} + NH_4^+$$

Da Schwefelsäure zweimal als Säure reagieren kann und daher insgesamt zwei Protonen abgibt, nennen wir sie eine zweiprotonige Säure. Die in der ersten Reaktion entstandene, korrespondierende Base HSO_4^- ist ein besonderer Stoff, da er als Base und als Säure reagieren kann.

Wenn ein Stoff sowohl als Säure als auch als Base reagieren kann, also Protonen abgeben und aufnehmen kann, nennt man diesen Stoff einen **Ampholyt**. Ob dieser Stoff als Säure oder Base reagiert, hängt vom Reaktionspartner ab. Ein klassisches Beispiel für ein Ampholyt ist Wasser.

$$HCl + H_2O \rightleftharpoons Cl^- + H_3O^+$$
Säure 1   Base 2   Base 1   Säure 2

$$NH_3 + H_2O \rightleftharpoons NH_4^+ + OH^-$$
Base 1   Säure 2   Säure 1   Base 2

Ein solcher Ampholyt kann auch mit sich selbst reagieren. Dieser Vorgang heißt **Autoprotolyse**. Betrachten wir das bei dem Ampholyt Wasser:

$$H_2O + H_2O \rightleftharpoons H_3O^+ + OH^- \quad \text{(Autoprolyse des Wassers)}$$

3.2   pH-Wert und Ionenprodukt des Wassers

pH-Wert
bestimmen

Um die Stärke einer Säure bzw. einer Base einschätzen zu können, benötigen wir den sogenannten **pH-Wert**. Der pH-Wert errechnet sich durch den negativ dekadischen Logarithmus der Oxoniumionen. Hier ein **Beispiel**:

Wenn die Konzentration der Oxoniumionen (H_3O^+) beispielsweise bei $c = 0{,}01 \; \text{mol/L}$ liegt, dann können wir den pH-Wert berechnen, indem wir auf die Konzentration zunächst den Zehnerlogarithmus (lg) anwenden und anschließend noch das Vorzeichen ändern.

$$\lg(0{,}01) = \lg(10^{-2}) = -2$$

Nun das Vorzeichen ändern und wir erhalten pH= 2.

Wenn wir den pH-Wert einer Lösung kennen, können wir sofort sagen, ob es sich um eine saure oder eine basische Lösung handelt. Dazu folgende Übersicht:

pH $<$ 7   saure Lösung

pH $=$ 7   neutrale Lösung

pH $>$ 7   basische/alkalische Lösung

Diese Einschätzung der Lösungen leiten wir aus dem **Ionenprodukt des Wassers** ab. Hier spielt das chemische Gleichgewicht wieder eine wichtige Rolle. Bei der Autoprotolyse des Wassers handelt es sich um eine Gleichgewichtsreaktion, bei der sich das Autoprotolysegleichgewicht sehr schnell einstellt und das Gleichgewicht stark auf der linken Seite (beim Wasser) liegt. Mithilfe des MWG können wir nun die Gleichgewichtskonstante hierfür berechnen:

$$K = \frac{c(H_3O^+) \cdot c(OH^-)}{c(H_2O)^2}$$

Da das Gleichgewicht so stark auf der linken Seite liegt, ändert sich die Konzentration des Wassers fast nicht, weshalb man sagen kann, dass sie quasi konstant ist. Diese Konstante verrechnen wir dann mit der Gleichgewichtskonstante zu einer neuen Konstante, das Ionenprodukt des Wassers.

$$K = \frac{c(H_3O^+) \cdot c(OH^-)}{c(H_2O)^2} \quad | \cdot c(H_2O)^2$$

$$\Leftrightarrow \quad K \cdot c(H_2O)^2 = c(H_3O^+) \cdot c(OH^-) \quad | \text{ Setze } K \cdot c(H_2O)^2 = K_W$$

$$\Rightarrow \quad K_W = c(H_3O^+) \cdot c(OH^-) \quad \textbf{Ionenprodukt des Wassers}$$

Das Ionenprodukt des Wassers K_W ist für alle verdünnten wässrigen Lösungen bei 25°C immer $K_W = 10^{-14} \frac{mol^2}{L^2}$.

Hieraus können wir die Konzentrationen der Oxoniumionen und der Hydroxidionen bestimmen:

$$K_W = 10^{-14} \frac{mol^2}{L^2} = c(H_3O^+) \cdot c(OH^-)$$

Da die Konzentration der Oxoniumionen bei der Autoprotolyse gleich der Konzentration der Hydroxidionen ist, können wir folgende Gleichung ansetzen:

$$10^{-14} = c(H_3O^+) \cdot c(H_3O^+)$$

$$\Leftrightarrow \quad 10^{-14} = c(H_3O^+)^2 \quad\quad | \sqrt{}$$

$$\Rightarrow \quad \sqrt{10^{-14}} = \sqrt{c(H_3O^+)^2}$$

$$\Leftrightarrow \quad 10^{-7} = c(H_3O^+) = c(OH^-)$$

Wenn wir jetzt hier anhand der Konzentration der Oxoniumionen den pH-Wert berechnen, erhalten wir pH = 7, was genau dem Wert für eine neutrale Lösung in der Übersicht von zuvor entspricht.

3.3 pK_S- und pK_B-Werte

pK_S- und pK_B
berechnen

Wenn wir zwei verschiedene Säuren mit der gleichen Konzentration betrachten, so können diese trotzdem verschiedene pH-Werte aufweisen. Warum ist das so?

Das liegt daran, dass manche Säuren stärker sind als andere, also leichter ihre Protonen abgeben können. Natürlich gibt es auch hier eine Größe, welche uns darüber Aufschluss gibt.

Es handelt sich dabei um die **Säurekonstante** K_S bzw. den pK_S-Wert. Die Säure-konstante leitet sich, genau wie das Ionenprodukt des Wassers, aus dem MWG her und ist ein Maß dafür, wie „gerne" eine Säure ein Proton an Wasser abgibt.

$$HA \ + \ H_2O \ \rightleftharpoons \ H_3O^+ \ + \ A^-$$

Wenden wir hier wieder das MWG an, erhalten wir die folgende Gleichgewichts-konstante:

$$K = \frac{c(H_3O^+) \cdot c(A^-)}{c(HA) \cdot c(H_2O)}$$

Auch hier können wir, wie bei dem Ionenprodukt des Wassers, die Konzentration des Wassers als annähernd konstant betrachten (da so viel vorhanden ist, dass sich bei der geringen Säuremenge die Konzentration des Wassers kaum ändert) und sie mit der Gleichgewichtskonstanten verrechnen:

$$K \ = \ \frac{c(H_3O^+) \cdot c(A^-)}{c(HA) \cdot c(H_2O)} \quad | \cdot c(H_2O)$$

$$\Leftrightarrow \ K \cdot c(H_2O) \ = \ \frac{c(H_3O^+) \cdot c(A^-)}{c(HA)} \quad | \text{ Setze } K \cdot c(H_2O) = K_S$$

$$\Rightarrow \qquad K_S \ = \ \frac{c(H_3O^+) \cdot c(A^-)}{c(HA)} \quad \textbf{Säurekonstante}$$

Wenn wir jetzt, wie bei der pH-Wert-Berechnung, den negativ dekadischen Loga-rithmus auf die Säurekonstante anwenden, erhalten wir den pK_S-Wert. Auf diesel-be Weise können wir als Maß für die Stärke einer Base den pK_B-Wert angeben. Der Wert ist dabei ein Maß dafür, wie „gerne" eine Base ein Proton von Wasser aufnimmt.

Mithilfe der pK_S- und pK_B-Werte können wir nun verschiedene Säuren bzw. Basen bezüglich ihrer Stärke vergleichen.

- Je **kleiner** der pK_S-Wert, umso **stärker** ist die Säure.
- Je **kleiner** der pK_B-Wert, umso **stärker** ist die Base.

Anhand der folgenden Tabelle können wir einige wichtige Säuren und Basen miteinander vergleichen.

pK_S	Säure	Korrespondierende Base	pK_B
Vollständige Protonenabgabe	$HClO_4$	ClO_4^-	Keine Protonenaufnahme
	HI	I^-	
	HCl	Cl^-	
	H_2SO_4	HSO_4^-	
-1,74	H_3O^+	H_2O	15,74
-1,32	HNO_3	NO_3^-	15,32
1,92	HSO_4^-	SO_4^{2-}	12,08
2,13	H_3PO_4	$H_2PO_4^-$	11,87
3,14	HF	F^-	10,86
3,35	HNO_2	NO_2^-	10,65
3,75	HCOOH	$HCOO^-$	10,25
4,75	CH_3COOH	CH_3COO^-	9,25
6,52	H_2CO_3	HCO_3^-	7,48
6,92	H_2S	HS^-	7,08
7,00	HSO_3^-	SO_3^{2-}	7,00
7,20	$H_2PO_4^-$	HPO_4^{2-}	6,80
9,25	NH_4^+	NH_3	4,75
9,40	HCN	CN^-	4,60
10,40	HCO_3^-	CO_3^{2-}	3,60
12,36	HPO_4^{2-}	PO_4^{2-}	1,64
13,00	HS^-	S^{2-}	1,00
15,74	H_2O	OH^-	-1,74
Keine Protonenabgabe	C_2H_5OH	$CC_2H_5O^-$	Vollständige Protonenaufnahme
	NH_3	NH_2^-	
	OH^-	O^{2-}	
	H_2	H^-	

Die oberen vier Säuren geben ihre Protonen vollständig ab, das heißt es findet eine vollständige Protolyse statt (wir können auch sagen, dass die Säure vollständig dissoziiert). Das Gleichgewicht liegt daher auf der rechten Seite. Je weiter man in der Tabelle nach unten geht, umso größer werden die pK_S-Werte und daher umso schwächer die Säuren. In der Tabelle sind auch jeweils die korrespondierenden Säure-Base-Paare angegeben.

Es wird deutlich, dass die korrespondierende Base schwächer ist, je stärker eine Säure ist. Genauso gilt es umgekehrt: Je stärker eine Base ist, desto schwächer ist die korrespondierende Säure.

Zwischen dem pK_S-Wert einer Säure und dem pK_B-Wert der korrespondierenden Base besteht sogar ein ganz bestimmter Zusammenhang:

$$K_S \cdot K_B = \frac{c(A^-) \cdot c(H_3O^+)}{c(HA)} \cdot \frac{c(HA) \cdot c(OH^-)}{c(A^-)} = c(H_3O^+) \cdot c(OH^-) = K_W = 10^{-14} \frac{mol^2}{L^2}$$

Wenden wir hier den negativ dekadischen Logarithmus an, erhalten wir:

$$pK_S + pK_B = 14$$

Ist also der pK_S-Wert einer Säure bekannt, können wir mithilfe der Formel den pK_B-Wert der korrespondierenden Base berechnen.

Betrachten wir die Basen in der Tabelle, so können wir sehen, dass die unteren vier Basen sehr stark sind, da diese Protonen vollständig aufnehmen. Das bedeutet, dass alle Base-Teilchen ein Proton aufnehmen.

Jetzt können wir uns fragen, warum das so wichtig ist, ob eine Säure bzw. Base nun stark oder schwach ist. Das wird vor allem dann wichtig, wenn wir den pH-Wert einer Lösung berechnen möchten. Dazu müssen wir die pK_S- und die pK_B-Werte richtig einordnen können.

Um die Stärke von Säuren und Basen richtig einzuordnen, sind folgende Werte für uns relevant:

$pK_S < 1{,}5$	starke Säure	$pK_B < 1{,}5$	starke Base
$1{,}5 < pK_S < 4{,}75$	mittelstarke Säure	$1{,}5 < pK_B < 4{,}75$	mittelstarke Base
$pK_S > 4{,}75$	schwache Säure	$pK_B > 4{,}75$	schwache Base

pH-Wert-Berechnung von Säuren und Basen verschiedener Stärken

1. Starke Säuren

Wenn der pK_S-Wert einer Säure kleiner als 1,5 ist, so handelt es sich um eine starke Säure. Dann können wir davon ausgehen, dass die Protolyse nahezu vollständig verläuft. Daher geben alle Säureteilchen ihre Protonen an das Wasser ab, wodurch die Konzentration der Oxoniumionen annähernd die gleiche wie die anfängliche Säurekonzentration ist.

Den pH-Wert können wir also folgendermaßen berechnen:

$$pH = -\lg\left(c(H_3O^+)\right) = -\lg\left(c_0(HA)\right)$$

2. Schwache Säuren

Bei schwachen Säuren geben nur sehr wenige Säureteilchen ihr Proton an das Wasser ab. Daher ändert sich die Konzentration der Säure durch die Protolyse fast nicht, also $c(HA) \approx c_0(HA)$. Die Konzentration der Oxoniumionen ist hier allerdings genauso groß wie die Konzentration der entstehenden korrespondierenden Base, da für jedes Säureteilchen, das ein Proton abgibt, ein Oxoniumion und ein Teilchen der korrespondierenden Base entstehen, also $c(H_3O^+) = c(A^-)$. Setzt man diese beiden Zusammenhänge in das MWG ein, so erhält man folgende Gleichung:

$$K_S = \frac{c(A^-) \cdot c(H_3O^+)}{c_0(HA)}$$

$$\Leftrightarrow K_S = \frac{c(H_3O^+)^2}{c_0(HA)} \qquad | \cdot c_0(HA)$$

Um den pH-Wert zu ermitteln, benötigen wir die Konzentration der Oxoniumionen, also lösen wir die Gleichung nach der Konzentration auf:

$$c(H_3O^+)^2 = K_S \cdot c_0(HA) \qquad | \sqrt{}$$

$$\Leftrightarrow c(H_3O^+) = \sqrt{K_S \cdot c_0(HA)} \qquad | \text{ neg. Logarithmus anwenden}$$

$$\Rightarrow pH = -\lg\left(\sqrt{K_S \cdot c_0(HA)}\right)$$

$$= -\tfrac{1}{2} \cdot \lg\left(K_S \cdot c_0(HA)\right)$$

Den pH-Wert können wir also folgendermaßen berechnen:

$$pH = \tfrac{1}{2} \cdot \left(pK_S - \lg\left(c_0(HA)\right)\right)$$

3. Starke Basen

Bei starken Basen können wir quasi die gleiche Formel verwenden wie bei starken Säuren. Achtung: Wenn wir den negativ dekadischen Logarithmus der Anfangskonzentration der Base berechnen, erhalten wir nicht den pH-Wert, sondern den pOH-Wert, da bei der Reaktion einer Base mit Wasser keine Oxoniumionen entstehen, sondern Hydroxidionen. Dies ist aber kein Problem, denn mithilfe des pOH-Wertes können wir den pH-Wert berechnen, nämlich wieder mithilfe des Ionenprodukts des Wassers. Denn daraus ergibt sich folgender Zusammenhang zwischen pH und pOH:

$$pH + pOH = 14$$

So lässt sich der pH-Wert bei starken Basen folgendermaßen berechnen:

$$pH = 14 + \lg (c_0(A^-))$$

4. Schwache Basen

Auch bei schwachen Basen funktioniert die pH-Wert-Berechnung mit derselben Formel wie bei schwachen Säuren, nur, dass wir wieder aufpassen müssen, dass dadurch zunächst der pOH-Wert berechnet wird. Daraus berechnen wir noch den pH-Wert. Hier ergibt sich folgende Formel:

$$pH = 14 - \frac{1}{2} \cdot (pK_S - c_0(HA))$$

3.4 Puffer

Puffer

Ein Puffer ist ein Stoffgemisch, welches seinen pH-Wert bei Zugabe von Säuren oder Basen deutlich weniger ändert als in ungepufferten Systemen. Puffer sind oft Stoffgemische aus schwachen Säuren und ihrer konjugierten Base oder aus schwachen Basen mit ihrer konjugierten Säure.

Vergleichen wir die pH-Wert-Änderung von einem Liter Wasser, wenn 0,1 mol Salzsäure hinzugegeben werden und von einem Liter Essigsäure-Acetat-Pufferlösung, bei derselben Stoffmengenzugabe.

0,1 mol Salzsäure in 1 L Wasser	0,1 mol Salzsäure in 1 L Essigsäure-Acetat-Puffer
pH-Wert ändert sich von pH = 7 auf pH = 1 ⇒ Große pH-Änderung	pH-Wert ändert sich von pH = 4,75 auf pH = 4,7 ⇒ kaum eine pH-Änderung

Der pH-Wert bleibt bei Pufferlösungen also relativ stabil. Das bedeutet, die Wirkung der Säuren bzw. Basen wird durch den Puffer geschwächt. Damit ein Puffer den pH-Wert konstant halten kann, muss er also selbst mit den Säuren bzw. Basen reagieren.

Schauen wir uns den Essigsäure-Acetat-Puffer mal genauer an. Hier werden Essigsäure (CH_3COOH) und ihre konjugierte Base, das Acetat (CH_3COO^-) im Verhältnis 1:1 zusammengemischt. Hier können wir auch die Reaktionsgleichung des Protolysegleichgewichts aufstellen:

$$CH_3COOH + H_2O \rightleftharpoons CH_3COO^- + H_3O^+$$

Mit dieser Gleichung und dem Wissen über Gleichgewichtsreaktionen und die Verschiebung des Gleichgewichts können wir nun die Pufferwirkung erklären:

1. Zugabe von Säuren

Geben wir zu der Pufferlösung eine Säure hinzu, entstehen mehr H_3O^+-Ionen. Das heißt, die Konzentration auf der rechten Seite wird erhöht und durch das Prinzip von Le Chatelier wird dadurch das Gleichgewicht auf die linke Seite verschoben und die Rückreaktion läuft verstärkt ab.

$$CH_3COOH + H_2O \rightleftharpoons CH_3COO^- + H_3O^+$$

Die zusätzlichen Oxoniumionen werden abgebaut und die Konzentration ändert sich kaum. Wenn die Konzentration der Oxoniumionen sich nur kaum verändert, verändert sich auch der pH-Wert nur kaum.

2. Zugabe von Basen

Geben wir zu der Pufferlösung eine Base hinzu, entstehen mehr OH-Ionen. Diese reagieren mit der Essigsäure.

$$CH_3COOH + OH^- \rightleftharpoons CH_3COO^- + H_2O$$

Die Hydroxidionen werden durch die Essigsäure fast vollständig abgebaut und reagieren daher nicht mit den H_3O^+-Ionen. Daher ändert sich diese Konzentration quasi nicht und daher auch der pH-Wert nicht.

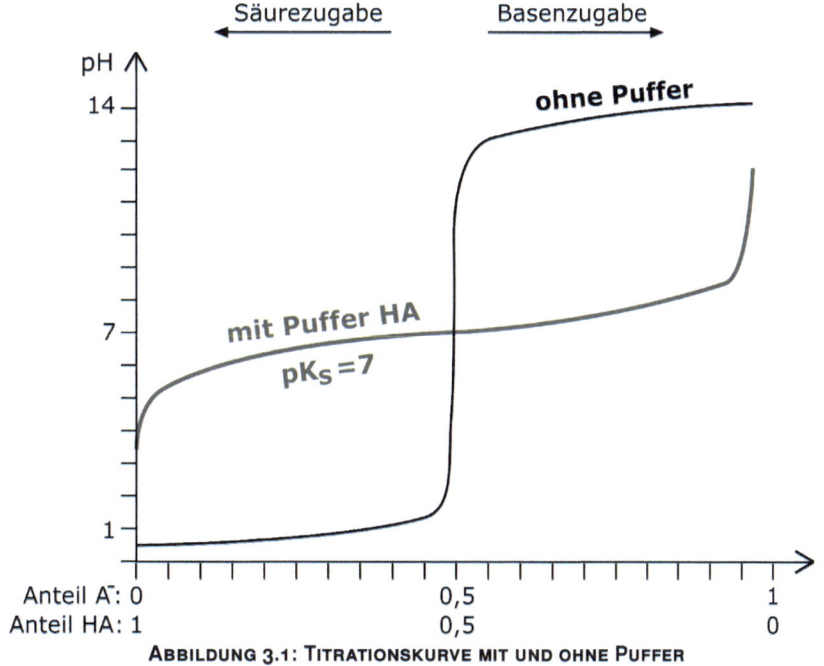

ABBILDUNG 3.1: TITRATIONSKURVE MIT UND OHNE PUFFER

Betrachten wir nun die beiden pH-Wert-Änderungen von einer Lösung ohne Puffer und einer Lösung mit Puffer bei Zugabe von Säuren und Basen. Hier können wir ganz deutlich sehen, dass der pH-Wert mit einem Puffer sehr viel länger in einem ähnlichen pH-Wert-Bereich gehalten wird und nicht, wie bei der Lösung ohne Puffer, ein extremer pH-Wert-Sprung zu beobachten ist. In dem Bereich, in dem die pH-Wert-Kurve nur leicht ansteigt, liegt der sogenannte Pufferbereich des Puffers. Dieser Bereich ist für jeden Puffer unterschiedlich.

Aber wozu ist das Ganze jetzt eigentlich gut?

Puffer finden wir nicht nur im Labor, sondern vor allem auch bei Lebewesen. Die verschiedenen Enzyme und Proteine in unserem Körper sind nur bei bestimmten pH-Werten funktionsfähig. Da wir aber beim Essen und Trinken sowohl Säuren als auch Basen zu uns nehmen, würde sich der pH-Wert drastisch ändern und die Enzyme und Proteine wären nicht weiter funktionsfähig, was zum Tod führen würde. Daher befinden sich in unserem Körper Puffer, die den pH-Wert zwischen 7,3 und 7,45 halten. Bei pH-Werten unter 6,8 oder über 8,0 würden wir sterben.

Jetzt wissen wir, was Puffer sind, wie sie funktionieren und wieso sie so wichtig sind. Darüber hinaus ist es von großer Wichtigkeit, dass wir pH-Werte in Puffersystemen berechnen können. Auch hier gibt es eine Formel, die uns weiterhilft.

Henderson-Hasselbach-Gleichung:

$$pH = pK_S + \lg \left(\frac{c(A^-)}{c(HA)} \right)$$

Hier müssen wir unbedingt darauf achten, dass sich alle Werte der Henderson-Hasselbach-Gleichung auf den Puffer beziehen: Es werden also der pK_S-Wert der Säure im Puffer, die Konzentration der Säure im Puffer und die Konzentration der konjugierten Basen im Puffer eingesetzt.

Beispiel: Betrachten wir einen Essigsäure-Acetat-Puffer, welcher aus 1 mol Essigsäure, 1 mol Natriumacetat und 1 L Wasser hergestellt wird. Berechnen wir nun den pH-Wert der Pufferlösung.

Wir benötigen den pK_S-Wert der Essigsäure und die Konzentrationen von Essigsäure und dem Acetat. Da hier die Stoffmengen gegeben sind, müssen wir zunächst die Konzentrationen berechnen:

$$c(CH_3COOH) = \frac{n(CH_3COOH)}{V(CH_3COOH)} = \frac{1 \text{ mol}}{1 \text{ L}} = 1 \frac{mol}{L}$$

$$c(CH_3COO^-) = \frac{n(CH_3COO^-)}{V(CH_3COO^-)} = \frac{1 \text{ mol}}{1 \text{ L}} = 1 \frac{mol}{L}$$

Der pK_S-Wert der Essigsäure liegt bei pK_S = 4,76. Setzen wir nun diese Werte in die Henderson-Hasselbach-Gleichung ein:

$$pH = 4,76 + \lg\left(\frac{1\,\frac{mol}{L}}{1\,\frac{mol}{L}}\right) = 4,76 + \lg(1) = 4,76$$

Jetzt geben wir 0,1 mol Salzsäure hinzu und wollen den neuen pH-Wert berechnen. Wenn wir 0,1 mol Salzsäure hinzugeben, entstehen ca. 0,1 mol H_3O^+, da Salzsäure eine sehr starke Säure ist und daher quasi vollständig dissoziiert. Jetzt schauen wir uns die Wirkung des Puffers bei der Säurezugabe genauer an:

Durch die Zugabe der Säure entstehen Oxoniumionen, welche mit dem Acetat reagieren. Für ein Oxoniumion wird ein Acetat-Ion verbraucht. Daher werden durch die Zugabe von 0,1 mol Salzsäure 0,1 mol Acetat zur Reaktion gebracht. So entstehen 0,1 mol Essigsäure.

$$CH_3COO^- + H_3O^+ \rightleftharpoons CH_3COOH + H_2O$$

- 0,1 mol   + 0,1 mol

➔ 1 mol - 0,1 mol = **0,9 mol**   ➔ 1 mol + 0,1 mol = **1,1 mol**

Nachdem der Puffer die Oxoniumionen also abgefangen hat, bleiben von den 1 mol Acetat noch 0,9 mol übrig und von der Essigsäure noch 1,1 mol. Mit den neuen Stoffmengen können wir die neuen Konzentrationen ausrechnen

$$c(CH_3COOH) = \frac{n(CH_3COOH)}{V(CH_3COOH)} = \frac{1,1\ mol}{1\ L} = 1,1\ \frac{mol}{L}$$

$$c(CH_3COO^-) = \frac{n(CH_3COO^-)}{V(CH_3COO^-)} = \frac{0,9\ mol}{1\ L} = 0,9\ \frac{mol}{L}$$

, welche wir dann in die Henderson-Hasselbach-Gleichung einsetzen können, um den pH-Wert zu berechnen:

$$pH = 4,76 + \lg\left(\frac{0,9\,\frac{mol}{L}}{1,1\,\frac{mol}{L}}\right) = 4,67$$

3.5 Indikatoren

Indikatoren sind im Allgemeinen Hilfsmittel, die bestimmte Informationen anzeigen sollen. Ein pH-Indikator ist ein Farbstoff, der durch Farbänderung anzeigt, ob eine Lösung sauer oder basisch ist. Wollen wir also wissen, ob eine Lösung sauer oder basisch ist, geben wir einen bis zwei Tropfen des Indikators zu der Lösung und können anhand der Farbe, welche der Indikator annimmt, erkennen, um welches Milieu es sich handelt.

Indikatoren

Jeder Indikator ändert seine Farbe an einem bestimmten Punkt (wenn der pH-Wert gleich dem pK_S-Wert ist). Dieser Punkt ist allerdings mit dem bloßen Auge nicht genau erkennbar, daher werden bei Indikatoren immer Umschlagsbereiche angegeben.

Aber wie kann ein Indikator anzeigen, ob es sich um eine saure oder eine basische Lösung handelt? Dazu muss der Farbstoff selbst eine schwache Base oder eine schwache Säure sein und mit den Säuren und Basen der Lösung reagieren:

$$H\mathit{Ind} + H_2O \rightleftharpoons \mathit{Ind}^- + H_3O^+$$

mit H*Ind* als Indikator mit H^+ und *Ind*$^-$ als Indikator ohne H^+.

Je nachdem, wie hoch die Konzentration der Oxoniumionen ist, liegt der Indikator mit oder ohne Proton vor (das Gleichgewicht wird abhängig von der Konzentration verschoben – siehe Prinzip von Le Chatelier).

Jetzt stellt sich noch die Frage, warum Indikatoren durch Reaktionen mit Säuren oder Basen ihre Farbe ändern. Die meisten Indikatoren bestehen aus aromatischen Systemen mit einem großen delokalisierten π-Elektronensystem. Dadurch sind die Indikatoren farbig. Durch das Deprotonieren ändert sich die Größe des delokalisierten Systems, wodurch Licht einer anderen Wellenlänge absorbiert wird und somit eine andere Farbe entsteht. Das Thema Farbigkeit können wir im *Lernheft Organische Chemie* im Kapitel Farbstoffe nachlesen.

Es gibt prinzipiell viele verschiedene Indikatoren. In der Küche finden wir den Indikator Blaukrautsaft. Im Labor werden allerdings eher Indikatoren wie Phenolphthalein, Thymolblau oder der Universalindikator (Kombination aus verschiedenen Indikatoren – daher hat er sehr viele Umschlagsbereiche) verwendet. Welchen am besten zu verwenden sind, hängt immer davon ab, zu welchem Zweck wir ihn benötigen.

3.6 Titration

3.6.1 Allgemeines und Titrationskurven

Titration

Die Titration lernten wir bereits in der Mittelstufe kennen, aber was war das nochmal genau?

> Die **Titration** ist ein Analyseverfahren, mit dem wir die Konzentration einer Lösung bestimmen können.

Wenn wir also beispielsweise mehrere unbeschriftete Bechergläser mit Salzsäure unterschiedlicher Konzentrationen haben, können wir durch Titration herausfinden, welche Konzentrationen in den jeweiligen Bechergläsern vorliegen.

Eine Titration läuft immer nach dem gleichen Prinzip ab:

Wir haben eine Probelösung in einem Erlenmeyerkolben oder Becherglas, die mit wenigen Tropfen des Indikators versetzt wird. Dann befüllen wir eine Bürette (Glasröhre mit Messstrichen und Hahn) mit einer Maßlösung (Base mit bekannter Konzentration). Diese Maßlösung geben wir dann tropfenweise zu der Probelösung, bis der Indikator seine Farbe ändert.

Doch wie können wir damit die Konzentration der Probelösung bestimmen?

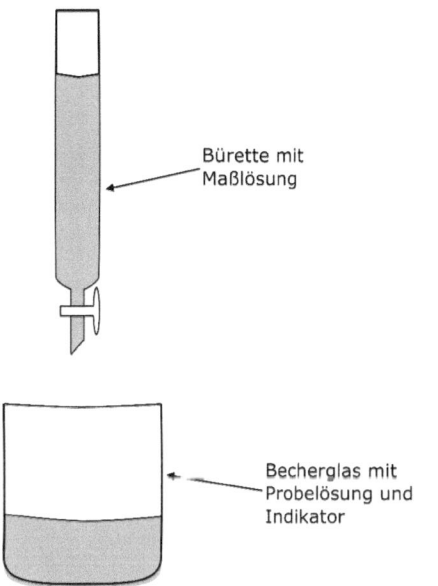

Bürette mit Maßlösung

Becherglas mit Probelösung und Indikator

Beispiel: Betrachten wir 100 mL Salzsäure mit unbekannter Konzentration als Probelösung, zu der tropfenweise Natronlauge der Konzentration NaOH = 0,1 mol/L gegeben wird. Wenn der Indikator umschlägt, können wir das Volumen der zugetropften Natronlauge ablesen. Es wurden V = 40 mL = 0,04 L verbraucht.

Jetzt können wir mit den stöchiometrischen Berechnungen beginnen.

1. Reaktionsgleichung aufstellen

$$HCl + NaOH \rightleftharpoons H_2O + NaCl$$

2. Stoffmengenverhältnis aufstellen

$$\frac{n(HCl)}{n(NaOH)} = \frac{1}{1} = 1$$

3. Umrechnung der bekannten Größe in die Stoffmenge

$$n(NaOH) = c(NaOH) \cdot V(NaOH) = 0,1 \, \frac{mol}{L} \cdot 0,04 \, L = 0,004 \, mol = n(HCl)$$

4. Berechnung der Stoffmenge der gesuchten Größe

$$\frac{n(HCl)}{n(NaOH)} = 1 \quad \Rightarrow \quad n(HCl) = n(NaOH)$$

5. Gesuchte Größe aus der Stoffmenge berechnen

$$c(HCl) = \frac{n(HCl)}{V(HCl)} = \frac{0,004 \, mol}{0,1 \, L} = 0,04 \, \frac{mol}{L}$$

Betrachten wir nun die Titrationskurve.

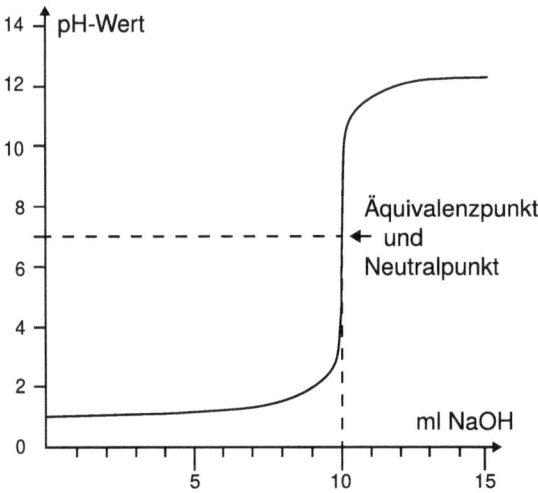

Es wurde Salzsäure (eine starke Säure) mit Natronlauge (eine starke Base) titriert. Der Punkt auf der Titrationskurve, an dem sich die Krümmung ändert, ist der Äquivalenzpunkt. An diesem Punkt wurde eine bestimmte Stoffmenge der Säure mit der entsprechenden Stoffmenge der Base neutralisiert.

Wenn wir eine Säure mit einer gleich starken Base titrieren ($pK_S \approx pK_B$), dann ist der Äquivalenzpunkt gleich dem Neutralpunkt, wobei der Neutralpunkt bei pH = 7 liegt. Sobald unterschiedlich starke Säuren und Basen miteinander titriert werden, liegt der Äquivalenzpunkt nicht im Neutralen. Um den Äquivalenzpunkt können wir einen sehr großen pH-Wert-Sprung beobachten.

Wenn wir statt Salzsäure, Essigsäure (eine schwache Säure) titrieren, sieht die Titrationskure ein wenig anders aus.

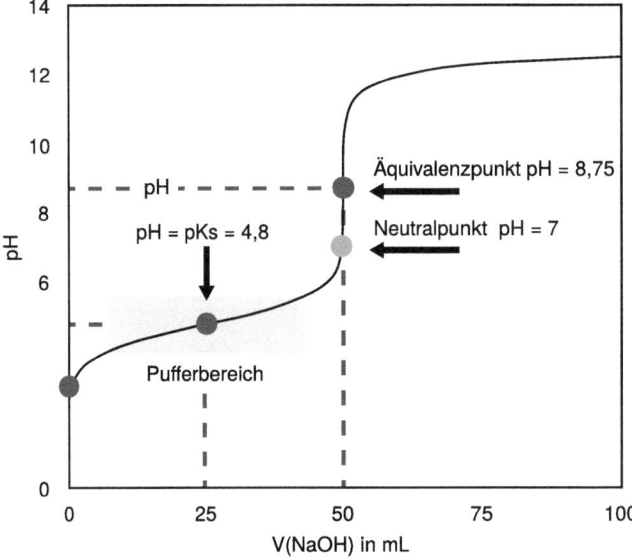

Bei dieser Titration können wir zwei Wendepunkte beobachten. Der Äquivalenzpunkt liegt an dem Wendepunkt, an dem die Kurve am stärksten steigt. Hier sind der Äquivalenzpunkt und der Neutralpunkt nicht identisch. Das liegt daran, dass bei der Säure-Base-Reaktion von Essigsäure mit Natronlauge das **basische Acetat-Ion** entsteht.

$$CH_3COOH \ + \ NaOH \ \rightleftharpoons \ \underset{\text{basisch}}{CH_3COO^-} \ + \ Na^+$$

Was hat es denn mit dem zweiten Wendepunkt auf sich?

Hier können wir den pK_S-Wert ablesen. Es handelt sich um den Zustand, an dem gleich viele Essigsäuremoleküle wie Acetat-Ionen vorliegen, das heißt, hier hat die Hälfte der Essigsäuremoleküle mit der Base reagiert. Diese Situation haben wir bereits beschrieben, bei den Puffern. Der Bereich um diesen Wendepunkt ist dann der Pufferbereich, was wir auch daran sehen, dass der pH-Wert sich hier nur sehr geringfügig ändert. Der pH-Wert-Sprung um den Äquivalenzpunkt ist auch hier zu sehen, allerdings ist er nicht so extrem wie bei der Titration einer starken Säure.

Nach dem Äquivalenzpunkt sind die Titrationskurven der Titration einer starken Säure und der einer schwachen Säure identisch, da hier die gesamte Säure reagiert hat und nun nur noch die Natronlauge den pH-Wert bestimmt.

3.6.2 Übersicht

Titration einer	Eigenschaften
starken Säure	starker pH-Wert-Sprung um Äquivalenzpunkt
	Äquivalenzpunkt gleich dem Neutralpunkt
schwachen Säure	pH-Wert-Sprung um den Äquivalenzpunkt nicht so stark
	Äquivalenzpunkt im basischen $\Rightarrow$ Äquivalenzpunkt nicht gleich dem Neutralpunkt
	zweiter Wendepunkt $\Rightarrow pK_S$-Wert
starken Base	starker pH-Wert-Sprung um Äquivalenzpunkt
	Äquivalenzpunkt gleich dem Neutralpunkt
schwachen Base	pH-Wert-Sprung um den Äquivalenzpunkt nicht so stark
	Äquivalenzpunkt im sauren $\Rightarrow$ Äquivalenzpunkt nicht gleich dem Neutralpunkt
	zweiter Wendepunkt $\Rightarrow pK_S$-Wert

Ein Spezialfall bleibt jetzt noch. Was passiert bei der Titration einer mehrprotonigen Säure wie beispielsweise Phosphorsäure H_3PO_4?

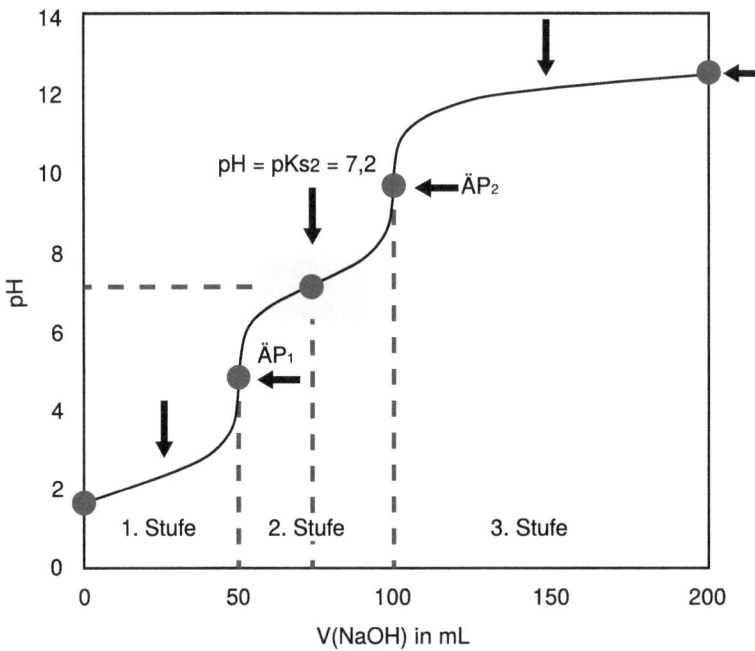

Bei der Titration einer mehrprotonigen Säure liegen uns insgesamt so viele Äquivalenzpunkte wie Protonen vor. Bei der dreiprotonigen Phosphorsäure können wir demnach drei Äquivalenzpunkte (ÄP) ablesen.

Die ersten beiden sind ganz klar zu erkennen, da um die Äquivalenzpunkte wieder pH-Wert-Sprünge zu beobachten sind. Der dritte Äquivalenzpunkt liegt allerdings über einem pH-Wert von 12, weshalb ein pH-Wert-Sprung hier nicht mehr möglich ist. Insgesamt finden wir genauso viele Pufferbereiche wie Protonen, bei der Phosphorsäure entsprechend drei.

3.6.3   Wahl des Indikators

Wie wir an den Beispielen gesehen haben, liegen die Äquivalenzpunkte nicht immer auf dem Neutralpunkt. Da wir den Äquivalenzpunkt bei einer Titration mithilfe eines Indikators bestimmen wollen, muss der Farbumschlag genau im Bereich des Äquivalenzpunkte liegen.

Der Umschlagsbereich von Bromthymolblau liegt bei 6 und 7,5, also um den Neutralpunkt. Wenn wir eine Titration einer starken Säure mit einer starken Base durchführen, liegt der Äquivalenzpunkt bei dem Neutralpunkt. Daher ist die Verwendung von Bromthymolblau hier sinnvoll. Wenn wir allerdings eine schwache Säure mit einer starken Base titrieren, so liegt der Äquivalenzpunkt im Basischen. Der Farbumschlag von Bromthymolblau fände daher bereits vor Erreichen des Äquivalenzpunktes statt. Hier müssen wir also einen Indikator verwenden, dessen Farbumschlag im Basischen liegt. Ein Beispiel hierfür wäre Phenolphthalein mit einem Umschlagsbereich zwischen 8,5 und 10,5.

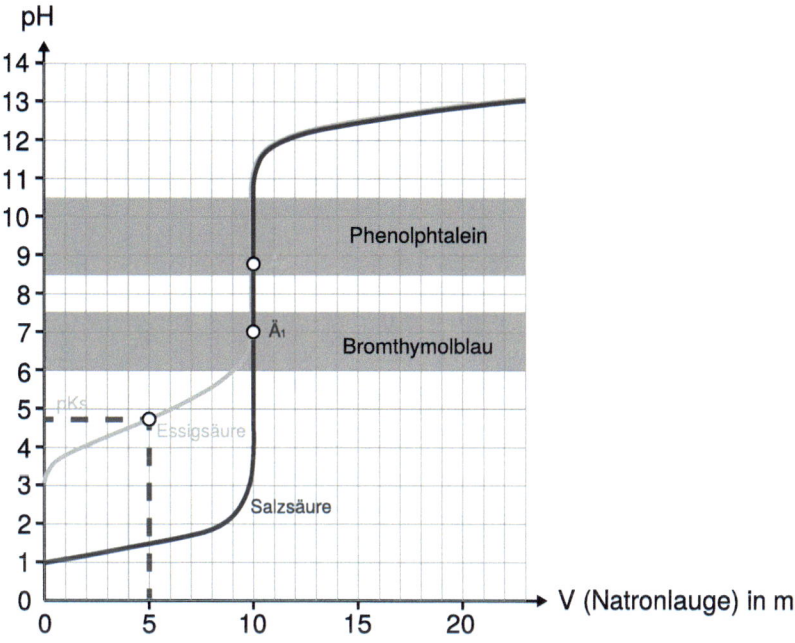

Wir müssen die Umschlagsbereiche von allen möglichen Indikatoren nicht auswendig lernen. Sobald wir den pK_S-Wert eines Indikators kennen, können wir auch den Umschlagsbereich angeben.

> **Umschlagsbereich eines Indikators:**
>
> $$pH = pK_S \pm 1$$

Beispiel: Schauen wir uns das zur Kontrolle beim Indikator Phenolphthalein an: der pK_S-Wert von Phenolphthalein liegt bei 9,7. Der Umschlagsbereich liegt daher zwischen 8,7 und 10,7.

4 Redoxgleichgewichte

4.1 Redoxreaktionen

Bei Redoxreaktionen handelt es sich um chemische Reaktionen, bei denen Elektronen von einem Reaktionspartner auf den anderen übergehen. Ähnlich wie bei den Protonenübergängen gibt es hier auch einen Elektronendonator und einen Elektronenakzeptor. Wichtig ist, dass Elektronen nur abgegeben werden können, wenn es ein Teilchen gibt, welches diese aufnehmen kann.

Redoxreaktion

> Eine **Redoxreaktion** besteht aus zwei Teilreaktionen:
>
> - die **Reduktion** und
>
> - die **Oxidation**.

Die Oxidation ist die Reaktion, bei der Elektronen abgegeben werden; die Reduktion ist die Reaktion, bei der Elektronen aufgenommen werden.

Weitere wichtige Begriffe in diesem Zusammenhang sind **Oxidationsmittel** und **Reduktionsmittel**. Ein Oxidationsmittel ist ein Teilchen, das einen anderen Stoff oxidiert, also Elektronen aufnimmt und selbst reduziert wird. Ein Reduktionsmittel ist ein Teilchen, das einen anderen Stoff reduziert, also Elektronen abgibt und selbst oxidiert wird.

Redoxreaktionen sind, wie die Protonenübergänge, umkehrbar und somit Gleichgewichtsreaktionen. Daher gibt es auch hier korrespondierende Redoxpaare.

$$2FE^{3+} + 2I^- \rightleftharpoons 2FE^{2+} + I2$$

Korrespondierendes Redoxpaar 1: $Fe^{3+} + e^- \rightleftharpoons Fe^{2+}$
Korrespondierendes Redoxpaar 2: $2I^- \rightleftharpoons I2 + 2e^-$

Redoxreaktionen gehören zu den wichtigsten Reaktionsarten in der Chemie. Im Folgenden wird das Aufstellen einer Redoxreaktion an einem Beispiel schrittweise erklärt.

> ## Vorgehen beim Erstellen von Redoxreaktionen:
>
> 1. Bestimmen der Oxidationszahlen
>
> 2. Bestimmen der Oxidation bzw. Reduktion
>
> 3. Mengenausgleich der oxidierten bzw. reduzierten Teilchen
>
> 4. Ausgleichen der Oxidationszahlen durch Elektronen (einfach negativ geladene Teilchen)
>
> 5. Ausgleichen der echten Ladungen durch H_3O^+-Ionen im sauren Milieu bzw. OH^--Ionen im basischen Milieu
>
> 6. Stoffausgleich mit H_2O
>
> 7. Zusammenschreiben zur Redox-Gleichung

Beispiel: Dichromat-Ionen reagieren mit Iodid-Ionen zu Iod und Chrom(III)-Ionen. Die Reaktion findet im sauren pH-Wert-Bereich statt.

Betrachten wir zunächst die Reaktion von **Dichromat zu Chrom(III)**.

1. Bestimmen der Oxidationszahlen

Sauerstoff hat in Verbindungen immer die Oxidationszahl **-II**.

Insgesamt sind in der Verbindung sieben Sauerstoff-Atome mit jeweils der Oxidationszahl -II.

Alle Oxidationszahlen ergeben aufsummiert die Gesamtladung des Moleküls (hier -2).

Alle Chrom-Atome haben zusammen die Oxidationszahl 12.

Da zwei Chromatome in dem Molekül gebunden sind, teilen wir die Oxidationszahl noch auf.

$$7 \cdot (-II) = -14$$

$$-14 + \square = -2$$

$$\rightarrow -14 + 12 = -2$$

$$12 : 2 = \mathbf{6}$$

Chrom-(III): Cr^{3+}
Auch hier müssen die Oxidationszahlen aufsummiert die Gesamtladung ergeben.

Es liegt hier nur ein Atom vor (und nicht wie bei Dichromat mehrere), weshalb die Ladung auch gleichzeitig die Oxidationszahl (+III) darstellt.

2. Bestimmen der Oxidation bzw. Reduktion

$$+VI \xrightarrow{\substack{\text{Oxidationszahl} \\ \text{wird kleiner}}} +III$$
$$Cr_2O_7^{2-} \longrightarrow Cr^{3+}$$

Von Dichromat zu Chrom-(III) ändert sich die Oxidationszahl von +VI auf +III, wird also reduziert. Wir sprechen hier von Reduktion.

3. Mengenausgleich der oxidierten bzw. reduzierten Teilchen

Auf beiden Seiten des Reaktionspfeils muss am Ende die gleiche Anzahl an Atomen jeder Sorte stehen (Massenerhaltung). Die Atomsorte, bei der sich die Oxidationszahl ändert, muss gleich zu Beginn ausgeglichen werden.

$$Cr_2O_7^{2-} \quad \rightarrow \quad Cr^{3+}$$
$$\uparrow \qquad\qquad\qquad \uparrow$$

zwei Chrom-Atome   ein Chrom-Atom

Da auf der linken Seite zwei Chrom-Atome stehen, benötigen wir auf der rechten Seite ebenfalls zwei und gleichen mithilfe eines Koeffizienten aus.

$$Cr_2O_7^{2-} \longrightarrow 2Cr^{3+}$$

4. Ausgleichen der Oxidationszahlen durch Elektronen

Die Oxidationszahlen müssen nun mithilfe von Elektronen (einfach negativ geladene Teilchen) ausgeglichen werden. Wir stellen uns das Ganze dazu wie eine mathematische Gleichung vor, die wir mit einer negativen Zahl so erweitern müssen, dass eine wahre Aussage entsteht.

Wir haben jeweils zwei Atome und verdoppeln daher auch die Oxidationszahlen.

$$
\begin{array}{ccc}
\quad +VI & & \quad +III \\
Cr_2O_7^{2-} & \rightarrow & 2Cr^{3+} \\
+VI \cdot 2 \quad - \square & = & +III \cdot 2 \\
12 \qquad - \mathbf{6} & = & 6 \\
\text{Anzahl} & & \\
\text{Elektronen} & &
\end{array}
$$

Indem wir die Gleichung auf der linken Seite um minus sechs erweitern, entsteht eine wahre Aussage: Auf der linken Seite werden sechs Elektronen benötigt.

$$Cr_2O_7^{2-} + 6e^- \longrightarrow 2Cr^{3+}$$

5. Ausgleichen der echten Ladungen durch H_3O^+-Ionen und OH^--Ionen

Nun werden die echten Ladungen ausgeglichen. Da die Reaktion im sauren statt-findet, gleichen wir mit H_3O^+ (einfach positiv geladene Teilchen) aus.

Wir stellen wieder den Vergleich zu einer mathematischen Gleichung her:

$$
\begin{array}{ccccccc}
Cr_2O_7^{2-} & + & 6e^- & & \rightarrow & & 2Cr^{3+} \\
-2 & + & 6 \cdot (-1) & + \square & = & & 2 \cdot (+3) \\
& & -8 & \mathbf{+\,14} & & & 6
\end{array}
$$

Anzahl
H_3O^+

Indem wir die Gleichung auf der linken Seite um +14 erweitern, entsteht eine wah-re Aussage. Auf der linken Seite werden 14 H_3O^+-Ionen benötigt.

$$Cr_2O_7^{2-} + 6e^- + 14\,H_3O^+ \longrightarrow 2Cr^{3+}$$

6. Stoffausgleich mit H_2O

In Punkt drei haben wir bereits erwähnt, dass auf beiden Seiten des Reaktions-pfeils am Ende die gleiche Anzahl an Atomen jeder Sorte stehen muss.

Wenn wir die Reaktionsgleichung betrachten, fällt auf, dass rechts weder Sauerstoff- noch Wasserstoff-Atome vorkommen. Diese können wir aber mithil-fe von Wasser ergänzen. Dazu zählen wir die Anzahl der Sauerstoffatome auf der linken Seite.

7 Sauerstoff-Atome im Dichromat	7
14 H_3O^+ mit jeweils einem Sauerstoff-Atom	+14
Anzahl der Sauerstoff-Atome links	21

Da in einem Wassermolekül ein Sauerstoff-Atom gebunden ist, benötigen wir auf der rechten Seite 21 Wassermoleküle.

$$Cr_2O_7^{2-} + 6e^- + 14\,H_3O^+ \longrightarrow 21\,H_2O + 2Cr^{3+}$$

Um alles noch einmal zu überprüfen, können wir die Anzahl der Wasserstoff-Atome auf beiden Seiten vergleichen. Diese müssen ebenfalls übereinstimmen. Sollte dies nicht der Fall sein, haben wir einen Fehler gemacht.

Links: 14 H_3O^+ mit je 3 Wasserstoff-Atomen $14 \cdot 3 = 42$

Rechts: 21 Wassermoleküle mit je 2 Wasserstoff-Atomen $21 \cdot 2 = 42$

Hier liegen auf beiden Seiten gleich viele Wasserstoff-Atome vor, also ist alles korrekt und die Reduktionsreaktion fertig.

Die erste Teilreaktion haben wir jetzt geschafft. Die Reaktion von **Iodid zu Iod** läuft nach demselben Prinzip.

1. Bestimmen der Oxidationszahlen
Iodid: I^-
Auch hier gilt die Regel, dass alle Oxidationszahlen aufsummiert die Ladung des Teilchens ergeben müssen. Da hier nur ein Atom vorliegt, entspricht die Oxidationszahl dieses Atoms genau der Ladung des Ions, nämlich minus eins.

Iod: I_2
Hier handelt es sich um das elementare Iod. Die Ladung beträgt hier Null, weshalb die Oxidationszahlen aufsummiert Null ergeben müssen. Da wir zwar zwei Atome gebunden haben, diese jedoch von der gleichen Sorte sind und somit die gleiche Oxidationszahl haben, muss die Oxidationszahl Null sein. Im Allgemeinen können wir sagen, dass Stoffe, die elementar vorliegen, immer die Oxidationszahl Null haben.

2. Bestimmen der Oxidation bzw. Reduktion

Von Iodid zu Iod ändert sich die Oxidationszahl von -I auf 0, wird also größer. Es handelt sich um Oxidation!

3. Mengenausgleich der oxidierten bzw. reduzierten Teilchen
Auf beiden Seiten des Reaktionspfeils müssen am Ende die gleiche Anzahl an Atomen jeder Sorte stehen (Massenerhaltung). Die Atomsorte, bei der sich die Oxidationszahl ändert, muss gleich zu Beginn ausgeglichen werden.

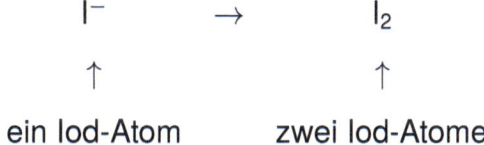

Da auf der rechten Seite zwei Iod-Atome stehen, benötigen wir auf der linken Seite auch zwei und gleichen mithilfe eines Koeffizienten aus.

$$2I^- \longrightarrow I_2$$

3. Ausgleichen der Oxidationszahlen durch Elektronen

Die Oxidationszahlen werden erneut mithilfe von Elektronen ausgeglichen. Das können wir ebenfalls auf eine mathematische Gleichung übertragen, wobei wir darauf achten müssen, dass, wie bei der Reduktion, jeweils zwei Atome vorhanden sind und daher auch die Oxidationszahlen verdoppelt werden.

$$
\begin{array}{ccc}
-I & & 0 \\
2\,I^- & \rightarrow & 2\,I_2 \\
-I \cdot 2 & = & 0 \cdot 2 \quad -\square \\
-2 & = & 0 \qquad -\,\mathbf{2}
\end{array}
$$

Anzahl
Elektronen

Indem wir die Gleichung auf der rechten Seite minus zwei addieren, entsteht die wahre Aussage, dass auf der rechten Seite zwei Elektronen benötigt werden.

$$2I^- \longrightarrow I_2 \;+\; 2e^-$$

5. Ausgleichen der echten Ladungen durch H_3O^+-Ionen und OH-Ionen

Betrachten wir die echten Ladungen auf beiden Seiten, so stellen wir fest, dass sowohl auf der linken als auch auf der rechten Seite jeweils zwei negative Ladungen vorliegen. Die Ladungen stimmen dementsprechend überein und wir müssen nichts mehr ausgleichen.

6. Stoffausgleich mit H_2O

In diesem Fall sind auch bereits alle Stoffmengen ausgeglichen, sodass nicht mehr mit Wasser ausgeglichen werden muss.

Jetzt haben wir beide Teilgleichungen, Reduktion und Oxidation, fertiggestellt. In einem letzten Schritt fassen wir nun die beiden Teilgleichungen zu einer Gesamtgleichung, der Redoxgleichung, zusammen.

7. Zusammenschreiben zur Redox-Gleichung

Da es sich bei einer Redoxreaktion um einen Elektronenübergang handelt, muss die Anzahl der an der Reaktion beteiligten Elektronen in der Reduktion und der Oxidation übereinstimmen. Dazu betrachten wir noch einmal die beiden Teilgleichungen:

$$
\begin{aligned}
\text{Red.:} \quad & Cr_2O_7^{2-} + 6e^- + 14\,H_3O^+ \longrightarrow 21\,H_2O + 2Cr^{3+} \\
\text{Ox.:} \quad & 2I^- \longrightarrow I_2 + 2e^-
\end{aligned}
$$

Bei der Reduktion werden sechs Elektronen aufgenommen, bei der Oxidation jedoch nur zwei abgegeben. Daher muss die Oxidation dreimal ablaufen, sodass die Reduktion einmal ablaufen kann. Was bedeutet das für das Aufstellen der Redoxgleichung?

Die gesamte Oxidationsgleichung muss mit drei multipliziert werden, bei der Reduktion müssen wir nichts mehr tun.

$$\text{Ox.:} \quad 2I^- \longrightarrow I_2 + 2e^- \quad | \cdot 3$$
$$6I^- \longrightarrow 3I_2 + 6e^-$$

Jetzt haben wir bei beiden Teilgleichungen sechs Elektronen vorliegen und können alles als Ganzes zusammenschreiben:

$$Cr_2O_7^{2-} + 6e^- + 14\,H_3O^+ + 6I^- \longrightarrow 21\,H_2O + 2Cr^{3+} + 3I_2 + 6e^-$$

Als allerletztes streichen wir alle Teilchen, die auf der linken und rechten Seite gleich sind, weg. Das machen wir, da die Teilchen nach der Reaktion unverändert vorliegen und entsprechend nicht an der Reaktion beteiligt sind. Somit werden sie einfach weggelassen. In diesem Fall gilt das lediglich für die Elektronen. Diese müssen unbedingt auf beiden Seiten wegfallen, da wir sonst beim Erweitern einen Fehler gemacht haben. Die Gesamtgleichung der Redoxreaktion lautet nach dem Wegstreichen der Elektronen:

$$Cr_2O_7^{2-} + 14\,H_3O^+ + 6I^- \longrightarrow 21\,H_2O + 2Cr^{3+} + 3I_2$$

Hätten wir auf beiden Seiten Wasserteilchen und/oder Oxoniumionen, würden wir diese ebenfalls wegstreichen.

Beispiel: Betrachten wir die Reaktion von Methanol mit Dichromat zu Kohlenstoffdioxid und Chrom(III). Nachdem wir die einzelnen Teilgleichungen zu einer Gesamtgleichung zusammengefasst und die Elektronen weggestrichen haben, erhalten wir folgende Redoxgleichung, bei der wir noch die Wassermoleküle und die Oxoniumionen wegstreichen müssen, die nicht an der Reaktion beteiligt sind:

$$CH_3OH + 7H_2O + Cr_2O_7^{2-} + 14H_3O^+ \rightarrow CO_2 + 6H_3O + 2Cr^{3+} + 21H_2O \quad | -7\,H_2O$$
$$CH_3OH + Cr_2O_7^{2-} + 14H_3O^+ \rightarrow CO_2 + 6H_3O + 2Cr^{3+} + 14H_2O \quad | -6\,H_3O^+$$
$$CH_3OH + Cr_2O_7^{2-} + 8H_3O^+ \rightarrow CO_2 + 2Cr^{3+} + 14H_2O$$

4.2 Die Redoxreihe/Elektrochemische Spannungsreihe

Jetzt wissen wir, wie wir Redoxreaktionen aufstellen. Was ist eine Redoxreihe? Dazu ein interessantes Phänomen: Wenn wir in eine Kupfersulfat-Lösung ein Zinkblech halten, bildet sich an dem Zinkblech eine elementare Kupferschicht. Halten wir aber in eine Zinksulfat-Lösung ein Kupferblech, bildet sich keine elementare Zinkschicht. Wir können sogar vorhersagen, wann eine solche Reaktion funktioniert und wann nicht. Dafür brauchen wir die elektrochemische Spannungsreihe (auch Redoxreihe genannt).

Redoxreihe

Reduzierte Form	$\rightleftharpoons$	Oxidierte Form	+	Anz. Elektronen	E^0 in V
$2F^-_{(aq)}$	$\rightleftharpoons$	$F_{2(g)}$	+	$2e^-$	+2,87
$Au_{(s)}$	$\rightleftharpoons$	$Au^{3+}_{(aq)}$	+	$3e^-$	+1,41
$2Cl^-_{(aq)}$	$\rightleftharpoons$	$Cl_{2(g)}$	+	$2e^-$	+1,36
$6H_2O_{(l)}$	$\rightleftharpoons$	$O_{2(g)} + 4H_3O^+_{(aq)}$	+	$4e^-$	+1,23
$Pt_{(s)}$	$\rightleftharpoons$	$Pt^{2+}_{(aq)}$	+	$2e^-$	+1,20
$2Br^-_{(aq)}$	$\rightleftharpoons$	$Br_{2(l)}$	+	$2e^-$	+1,07
$Hg_{(l)}$	$\rightleftharpoons$	$Hg^{2+}_{(aq)}$	+	$2e^-$	+0,85
$Ag_{(s)}$	$\rightleftharpoons$	$Ag^+_{(aq)}$	+	$1e^-$	+0,80
$2I^-_{(aq)}$	$\rightleftharpoons$	$I_{2(s)}$	+	$2e^-$	+0,54
$4OH^-_{(aq)}$	$\rightleftharpoons$	$O_{2(g)} + 2H_2O_{(l)}$	+	$4e^-$	+0,40
$Cu_{(s)}$	$\rightleftharpoons$	$Cu^{2+}_{(aq)}$	+	$2e^-$	+0,35
$H_{2(g)} + 2H_2O_{(l)}$	$\rightleftharpoons$	$2H_3O^+_{(aq)}$	+	$2e^-$	0
$Pb_{(s)}$	$\rightleftharpoons$	$Pb^{2+}_{(aq)}$	+	$2e^-$	−0,13
$Ni_{(s)}$	$\rightleftharpoons$	$Ni^{2+}_{(aq)}$	+	$2e^-$	−0,23
$Fe_{(s)}$	$\rightleftharpoons$	$Fe^{2+}_{(aq)}$	+	$2e^-$	−0,41
$S^{2-}_{(aq)}$	$\rightleftharpoons$	$S_{(s)}$	+	$2e^-$	−0,51
$Zn_{(s)}$	$\rightleftharpoons$	$Zn^{2+}_{(aq)}$	+	$2e^-$	−0,76
$Al_{(s)}$	$\rightleftharpoons$	$Al^{3+}_{(aq)}$	+	$3e^-$	−1,66
$Na_{(s)}$	$\rightleftharpoons$	$Na^+_{(aq)}$	+	$1e^-$	−2,71
$Li_{(s)}$	$\rightleftharpoons$	$Li^+_{(aq)}$	+	$1e^-$	−3,04

Schauen wir uns diese elektrochemische Spannungsreihe etwas genauer an. Wir haben immer ein korrespondierendes Redoxpaar und die entsprechend beteiligte Elektronenzahl gegeben.

Betrachten wir Kupfer: Die reduzierte Form in der Tabelle ist Cu, das elementare Kupfer. Die oxidierte Form ist Cu^{2+}. Um diese beiden ineinander zu überzuführen, müssen zwei Elektronen abgegeben bzw. aufgenommen werden. Jetzt steht in der letzten Spalte die Zahl +0,35. Dieser Wert ist das sogenannte Standardpotenzial E^0. Im Folgenden haben wir einen ganz bestimmten Versuchsaufbau, mit dessen Hilfe das Standardpotenzial bestimmt wird:

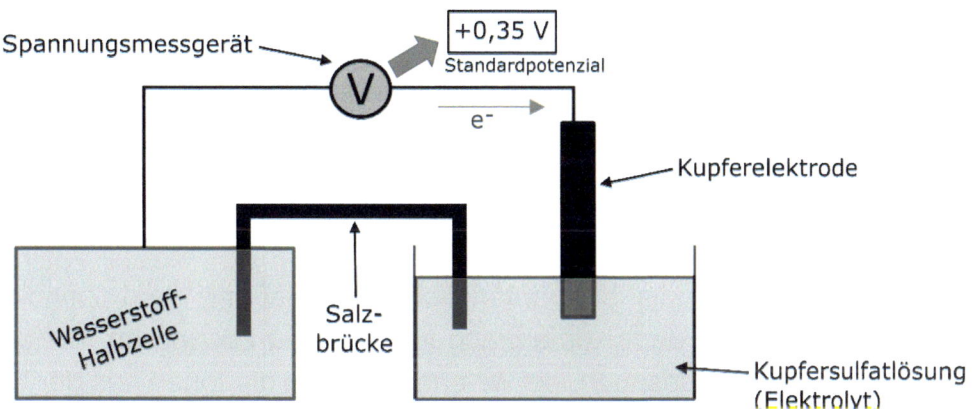

ABBILDUNG 4.1: VERSUCHSAUFBAU ZUR ERMITTLUNG DES STANDARDPOTENZIALS VON KUPFER

Wir tauchen eine Kupferelektrode in eine Kupfersulfat-Lösung, sodass sich eine Kupferhalbzelle bildet. Die Kupferelektrode verbinden wir über einen Draht mit einer Wasserstoffhalbzelle. Das ist im Prinzip genau das Gleiche wie die Kupferhalbzelle, mit dem Unterschied, dass sie ein bisschen anders aufgebaut werden muss, da Wasserstoff, anders als Kupfer, gasförmig ist.

Die beiden Halbzellen verbinden wir nun mit einer Salzbrücke. Wenn wir nun noch einen Spannungsmesser anschließen, können wir beobachten, dass eine Spannung von +0,35 V anliegt. Das ist genau der Wert, der dann auch in der elektrochemischen Spannungsreihe steht. Jetzt kommen in der Spannungsreihe auch negative Standardpotenziale vor. Das Vorzeichen des Standardpotenzials gibt an, in welche Richtung die Elektronen fließen. Bei der Kupferhalbzelle haben wir ein positives Standardpotenzial, das heißt, die Elektronen fließen zur Kupferhalbzelle hin.

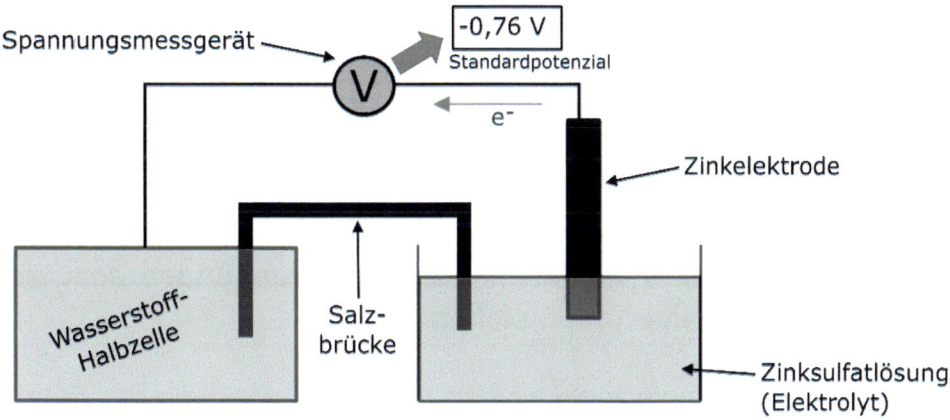

ABBILDUNG 4.2: VERSUCHSAUFBAU ZUR ERMITTLUNG DES STANDARDPOTENZIALS VON ZINK

Bei einer Zinkhalbzelle können wir ein Standardpotenzial von $-0{,}76$ V beobachten. In diesem Fall fließen die Elektronen von der Zinkhalbzelle weg. Wir sagen auch, dass Zink ein unedles Metall ist, weil es seine Elektronen gerne abgibt. Kupfer hingegen ist ein edles Metall, da es seine Elektronen nicht gerne abgibt und daher eher in der elementaren Form vorliegt.

Bei der elektrochemischen Spannungsreihe ist zu beachten, dass die Werte für das Standardpotenzial für 1 molare Lösung gelten. Bei anderen Konzentrationen ändern sich die Werte ebenfalls.

Jetzt wissen wir, was die Werte in der Tabelle bedeuten. Wozu benötigen wir diese?

Schauen wir uns nochmals das anfängliche Beispiel mit dem Zinkblech in Kupfersulfat-Lösung und dem Kupferblech in Zinksulfat-Lösung an. Mit der Redoxreihe können wir voraussagen, bei welcher Variante die Ionen aus der Lösung zu dem elementaren Metall reagieren und bei welcher Variante nicht. Schauen wir uns dazu Kupfer und Zink in der Redoxreihe an.

Reduzierte Form	$\rightleftharpoons$	Oxidierte Form	+	Anz. Elektronen	$E^0 in$V
$4OH^-_{(aq)}$	$\rightleftharpoons$	$O_{2(g)} + 2H_2O_{(l)}$	+	$4e^-$	$+0{,}40$
$Cu_{(s)}$	$\rightleftharpoons$	$Cu^{2+}_{(aq)}$	+	$2e^-$	$+0{,}35$
$H_{2(g)} + 2H_2O_{(l)}$	$\rightleftharpoons$	$2H_3O^+_{(aq)}$	+	$2e^-$	0
$Pb_{(s)}$	$\rightleftharpoons$	$Pb^{2+}_{(aq)}$	+	$2e^-$	$-0{,}13$
$Ni_{(s)}$	$\rightleftharpoons$	$Ni^{2+}_{(aq)}$	+	$2e^-$	$-0{,}23$
$Fe_{(s)}$	$\rightleftharpoons$	$Fe^{2+}_{(aq)}$	+	$2e^-$	$-0{,}41$
$S^{2-}_{(aq)}$	$\rightleftharpoons$	$S_{(s)}$	+	$2e^-$	$-0{,}51$
$Zn_{(s)}$	$\rightleftharpoons$	$Zn^{2+}_{(aq)}$	+	$2e^-$	$-0{,}76$

Kupfer steht in der Tabelle höher Zink. Das bedeutet, dass die Reaktion zum elementaren Kupfer hin eher stattfindet als die zum elementaren Zink, da Zink seine Elektronen gerne abgibt, Kupfer aber nicht.

Im Allgemeinen können wir also sagen, dass die Reaktion stattfindet, wenn ein edleres Metall entsteht und dass sie nicht stattfindet, wenn ein unedleres entstehen würde.

Hinweis: Manchmal sind die Tabellen andersherum angeordnet, sodass die edleren Metalle weiter unten stehen.

Die Werte der Standardpotenziale werden dann also innerhalb der Tabelle nicht kleiner, sondern größer. Dann gilt die Regel natürlich genau umgekehrt!

> Eine oxidierte Form, die höher in der Redoxreihe steht, reagiert mit einer redu-
> zierten Form, die in der Redoxreihe weiter unten steht.

> Eine oxidierte Form, die in der Redoxreihe weiter unten steht, reagiert NICHT
> mit einer reduzierten Form, die weiter oben steht.

Wenn wir nun zwei verschiedene Halbzellen, z.B. eine Kupfer- und eine Zinkhalbzelle, zusammenschließen, können wir mithilfe der elektrochemischen Spannungsreihe auch berechnen, wie hoch die Spannung ist, die damit erzeugt werden
kann. Dazu ziehen wir den kleineren Wert vom größeren ab:

$$+0{,}35 \text{ V} \qquad - \qquad (-0{,}76 \text{ V}) \qquad = \qquad 1{,}11 \text{ V}$$

$$E^0 \text{ der Kupferhalbzelle} \qquad E^0 \text{ der Zinkhalbzelle}$$

Die 1,11 V entsprechen jetzt der maximalen Spannung, die durch diese galvanische Zelle geliefert werden kann bzw. der minimalen Spannung, die angelegt
werden muss, um die Reaktion wieder umzukehren.

4.3 Galvanische Elemente

Jetzt ist bereits der Begriff „Galvanische Zelle" aufgetaucht. Daher sollten wir klä-
ren, was eine galvanische Zelle bzw. ein galvanisches Element ist.

Galvanisches
Element

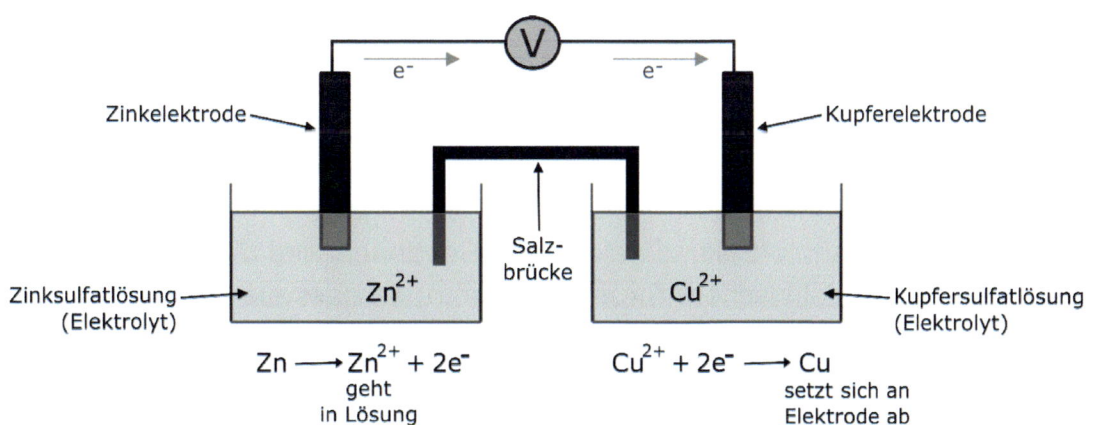

ABBILDUNG 4.3: GALVANISCHES ELEMENT AUS EINER ZINKHALBZELLE UND EINER KUPFERHALBZELLE

Ein galvanisches Element besteht aus einer Halbzelle eines unedleren Metalls
und einer Halbzelle eines edleren Metalls. Das unedlere Metall gibt seine Elektronen gerne ab, wodurch die Zinkatome zu Zink(II)-Ionen reagieren und in Lösung
gehen. Die Ionen des edleren Metalls sind bestrebt, Elektronen aufzunehmen um
zu dem elementaren Metall zu reagieren. Daher nehmen die Kupfer-(II)-Ionen
Elektronen auf und reagieren zu elementarem Kupfer. Die Elektronen, die das

Zink abgibt, wandern von der Zinkhalbzelle über den Draht, mit dem die Halbzellen verbunden sind, zu der Kupferhalbzelle, wo sie nun von den Kupfer-(II)-Ionen aufgenommen werden. Es fließt elektrischer Strom.

Die Salzbrücke benötigen wir bei diesem Aufbau, damit ein Ionenaustausch stattfinden kann. Damit werden die Ladungen der beiden Halbzellen ausgeglichen. Das ist notwendig, da sonst die linke Halbzelle immer positiver wird und die rechte immer negativer. Da es auf der Kupferhalbzelle bereits so negativ ist, wandern die Elektronen von der Zinkhalbzelle nicht mehr dorthin.

4.4 Batterien und Akkus

Batterien
und Akkus

Mithilfe von galvanischen Zellen können wir elektrischen Strom erzeugen. Auf genau diesem Prinzip basieren Batterien und Akkus.

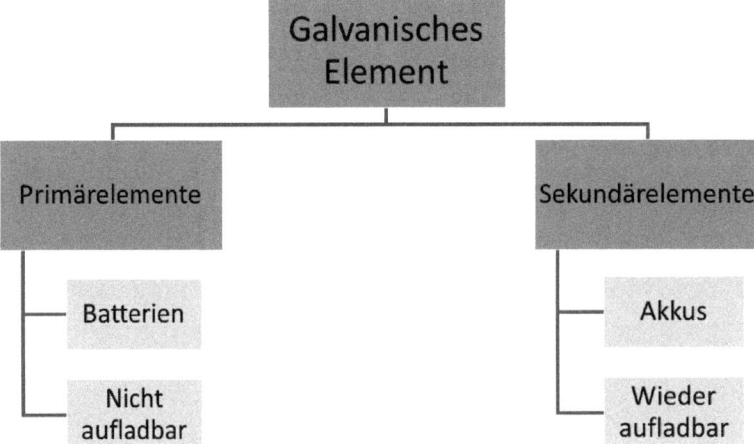

Batterien sind sogenannte Primärelemente, bei denen die Redoxreaktion nicht umkehrbar ist. Daher können diese nicht wieder aufgeladen werden. Akkus hingegen sind sogenannte Sekundärelemente. Bei denen wird die Reaktion durch das Anlegen von elektrischem Strom umgekehrt, so dass sie anschließend zur Gewinnung von elektrischen Stroms erneut ablaufen kann. Akkus sind beliebig oft wieder aufladbar. Wir betrachten jeweils ein klassisches Beispiel: das Leclanché-Element und den Bleiakku.

4.4.1 Leclanché-Element (Batterie)

Sehr lange Zeit verwendete man als Batterien das Leclanché-Element. Es handelt sich dabei um eine kleine Galvanische Zelle, bestehend aus einer Zinkhalbzelle und einer Braunsteinhalbzelle. Hier läuft, wie in jeder Galvanischen Zelle eine Redoxreaktion ab. Diese betrachten wir noch genauer:

Anode:	Zn	$\rightleftharpoons$	$Zn^{2+} + 2e^-$	, $E^0 = -0{,}76$ V
Kathode:	$2MnO_2 + 2H_3O^+ + 2e^-$	$\rightleftharpoons$	$Mn_2O_3 + 3H_2O$	, $E^0 = +1{,}04$ V

Zink ist ein unedles Metall und gibt daher seine Elektronen sehr gerne ab. Braunstein kann diese Elektronen dann aufnehmen und reagiert zu Mn_2O_3. Wie bereits als Hinweis genannt, findet diese Redoxreaktion im Sauren statt. Die dafür benötigten Oxoniumionen werden von dem in der Batterie enthaltenen Ammoniumchlorid geliefert:

$$NH_4^+ + H_2O \rightleftharpoons NH_3 + H_3O^+$$

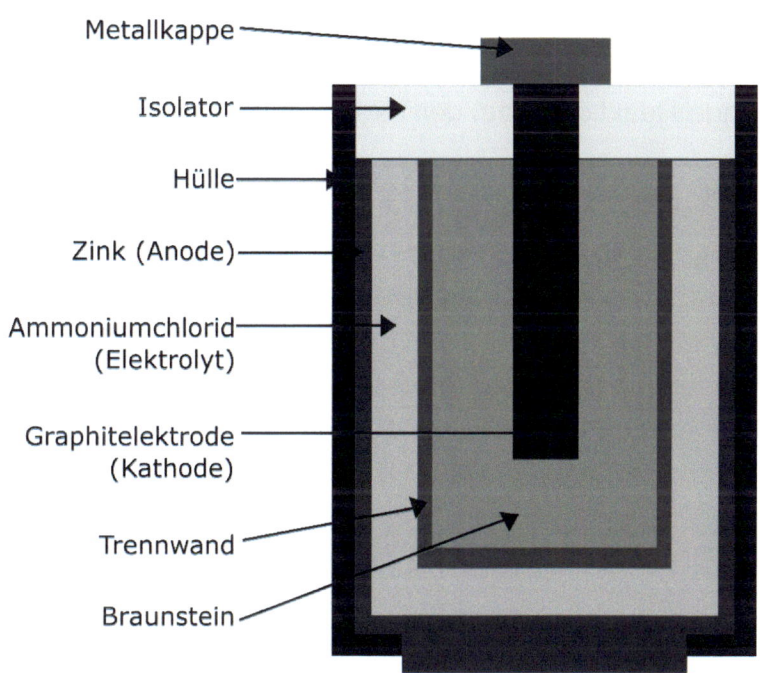

ABBILDUNG 4.4: AUFBAU EINES LECLANCHÉ-ELEMENTS

Die Spannung, die durch diese Galvanische Zelle maximal erzeugt werden kann, können wir ebenfalls ausrechnen:

$$E = 1{,}94 \text{ V} - (-0{,}76 \text{ V}) = +1{,}80 \text{ V}$$

Es gibt mittlerweile Batterien mit anderen Halbzellen, die aus dem Leclanché-Element weiterentwickelt wurden. Diese funktionieren aber auch nach demselben Prinzip, sodass wir nicht jede im Einzelnen zu betrachten brauchen.

4.4.2 Bleiakku

Ein Akku kann, im Gegensatz zu einer gewöhnlichen Batterie, wieder aufgeladen werden, da die Redoxreaktionen reversibel sind. Ein klassischer Akku ist der Bleiakku. Dieser besteht aus einer Bleielektrode und einer mit Bleioxid überzogenen Bleielektrode, welche je in Schwefelsäure getaucht werden.

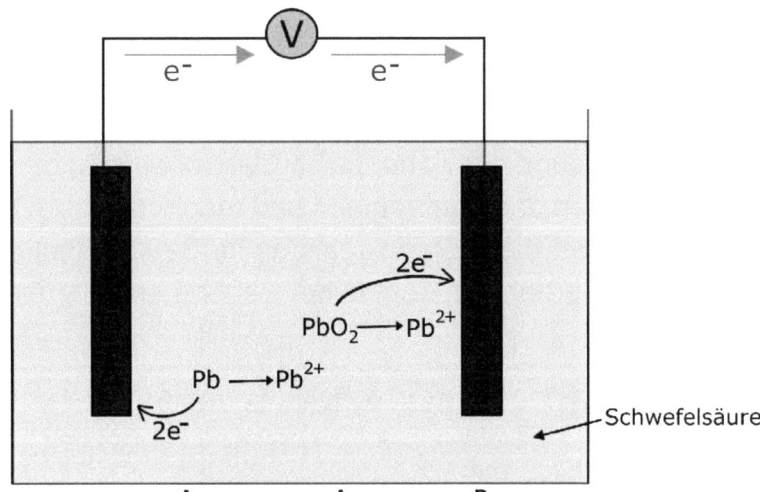

ABBILDUNG 4.5: AUFBAU EINES BLEIAKKUS

Es laufen folgende Reaktionen bei der Verwendung des Akkus ab:

Anode: Pb $\rightleftharpoons$ $Pb^{2+} + 2e^-$, $E^0 = -0{,}36$ V

Kathode: $PbO_2 + 2e^- + 4H_3O^+$ $\rightleftharpoons$ $Pb^{2+} + 6H_2O$, $E^0 = +1{,}69$ V

Die Redoxpotenziale weichen stark von den Standardpotenzialen ab, da hier keine 1 molaren Lösungen vorliegen (andere Konzentrationen der Elektrolyte) und der pH-Wert ebenfalls von den Standardbedingungen abweicht. Wenn wir einen entladenen Bleiakku betrachten, stellen wir fest, dass sich an den Elektroden ein weißes Salz absetzt. Es handelt sich hierbei um das schwer lösliche Blei(II)-sulfat.

$$Pb^{2+} \; + \; SO_4^{2-} \longrightarrow \qquad PbSO_4$$

weißer Feststoff

Wenn wir den Akku wieder aufladen wollen, legen wir eine Spannung (in diesem Fall von ca. 2,5 V) an, wodurch die Elektrodenreaktionen umgekehrt werden. Es läuft folgende Elektrolyse ab (das im Akku vorhandene Wasser wird nicht elektrolysiert, da die Spannung aufgrund der Überspannung nicht ausreicht, um diese Reaktion in Gang zu setzen):

Kathode: $Pb^{2+} + 2e^-$ $\rightleftharpoons$ Pb

Anode: $Pb^{2+} + 6H_2O$ $\rightleftharpoons$ $PbO_2 + 2e^- + 4H_3O^+$

Fassen wir diese Teilreaktionen nun zu einer Gesamtgleichung zusammen, können wir folgende Reaktionen beim Laden bzw. Entladen eines Bleiakkus formulieren:

$$Pb \; + \; PbO_2 \; + \; 4H_3O^+ \; \underset{\text{Laden}}{\overset{\text{Entladen}}{\rightleftharpoons}} \; 2Pb^{2+} \; + \; 6H_2O$$

4.5 **Nernst-Gleichung**

Wenn wir jetzt zwei Halbzellen zusammenschließen, die aus genau derselben Elektrode und demselben Elektrolyten bestehen, so fließt kein Strom. Betrachten wir zum Beispiel zwei Kupferhalbzellen, bestehend aus einer Kupferelektrode und einer 1 molaren Kupfersulfatlösung. Wir können die Spannung, die hier entsteht, berechnen:

Nernst-
Gleichung

$$0{,}35 \text{ V} - 0{,}35 \text{ V} = 0 \text{ V}$$

Logischerweise entsteht keine Spannung und somit auch kein elektrischer Strom. Wenn wir nun aber zwei Kupferhalbzellen mit Kupfersulfatlösungen unterschiedlicher Konzentration zusammenschließen, etwa eine Kupfersulfatlösung der Konzentration $c = 1{,}0$ mol/L und eine der Konzentration $c = 0{,}1$ mol/L, so können wir beobachten, dass eine Spannung von 0,06 V anliegt.

Dieses Phänomen hat der Chemiker Nernst genauer erforscht und erklärt. Das System, bestehend aus den beiden Halbzellen unterschiedlicher Elektrolytkonzentrationen, möchte ins Gleichgewicht kommen. Das heißt, dass in der Halbzelle mit niedrigerer Konzentration mehr Kupferatome in Lösung gehen müssen und in der Halbzelle mit höherer Konzentration müssen die Kupferionen in elementares Kupfer umgewandelt werden, um die Konzentration zu senken. Und genau aus diesem Grund entsteht elektrischer Strom. Die Kupferatome in der linken Halbzelle geben Elektronen ab, um zu Kupfer(II)-Ionen zu reagieren und in Lösung zu gehen. Diese Elektronen wandern zur rechten Halbzelle, wo sie von den Kupfer-(II)-Ionen aufgenommen werden, damit elementares Kupfer entsteht. Elektronen wandern also, was bedeutet, dass elektrischer Strom fließt. Die Spannung, die hier entsteht, können wir mit der Nernst-Gleichung ebenfalls berechnen.

Nernst-Gleichung:

$$E = E^0 + \frac{0{,}059 \text{ V}}{z} \cdot \log\left(\frac{c(\text{ox})}{c(\text{red})}\right)$$

mit E als Potenzial der Halbzelle, E^0 als Standardpotenzial der Halbzelle, z als Anzahl der Elektronen, $c(\text{ox})$ als Konzentration der oxidierten Form und $c(\text{red})$ als Konzentration der reduzierten Form.

Wir betrachten das an unserem **Beispiel**: Wir müssen jetzt jeweils das Potenzial der beiden Halbzellen berechnen. Beginnen wir mit der Halbzelle mit der Konzentration $c = 0{,}1$ mol/L. Das Standardpotenzial einer Kupferhalbzelle beträgt +0,35 V. Damit wir wissen, wie viele Elektronen beteiligt sind, betrachten wir die Reaktion, die hier abläuft:

$$\text{Cu} \longrightarrow \text{Cu}^{2+} + 2e^-$$

Es sind also zwei Elektronen beteiligt und daher ist $z = 2$. Die oxidierte Form sind die Kupfer-(II)-Ionen und die reduzierte Form sind die Kupferatome. Wir betrachten einfach die Oxidationszahlen. Das Teilchen mit der höheren Oxidationszahl ist die oxidierte Form und das Teilchen mit der niedrigeren Oxidationszahl die reduzierte Form. Die Konzentration der oxidierten Form Cu^{2+} ist in dieser Halbzelle $c = 0,1$ mol/L. Die reduzierte Form ist in diesem Fall das elementare Kupfer, also ein Feststoff. Bei unlöslichen Stoffen legen wir die Konzentration immer als $c = 1,0$ mol/L fest.

Jetzt setzen wir die Werte einfach in die Nernst-Gleichung ein:

$$E_1 = 0,35 \text{ V} + \frac{0,059 \text{ V}}{2} \cdot \log\left(\frac{0,1 \frac{\text{mol}}{\text{L}}}{1 \frac{\text{mol}}{\text{L}}}\right) = 0,32 \text{ V}$$

Bei der rechten Halbzelle gehen wir genauso vor:

$$E_2 = 0,35 \text{ V} + \frac{0,059 \text{ V}}{2} \cdot \log\left(\frac{1 \frac{\text{mol}}{\text{L}}}{1 \frac{\text{mol}}{\text{L}}}\right) = 0,35 \text{ V}$$

Nun kennen wir die Potenziale E_1 und E_2 der beiden Halbzellen und können durch die Differenz der beiden Potenziale die entstehende Spannung dieses galvanischen Elements berechnen:

$$E = E_2 - E_1 = 0,35 \text{ V} - 0,32 \text{ V} = 0,03 \text{ V}$$

Bei diesem galvanischen Element liegen also 0,03 V an. Solche galvanischen Elemente, mit zwei gleichen Elektroden und gleichen Elektrolyten mit unterschiedlicher Konzentration, nennen wir **Konzentrationselement**.

4.6 Elektrolyse

Den Versuch der Elektrolyse von Wasser kennen wir schon aus der Mittelstufe. Wir schauen uns die Reaktionen, die dabei passieren jetzt etwas genauer an:

Elektrolyse

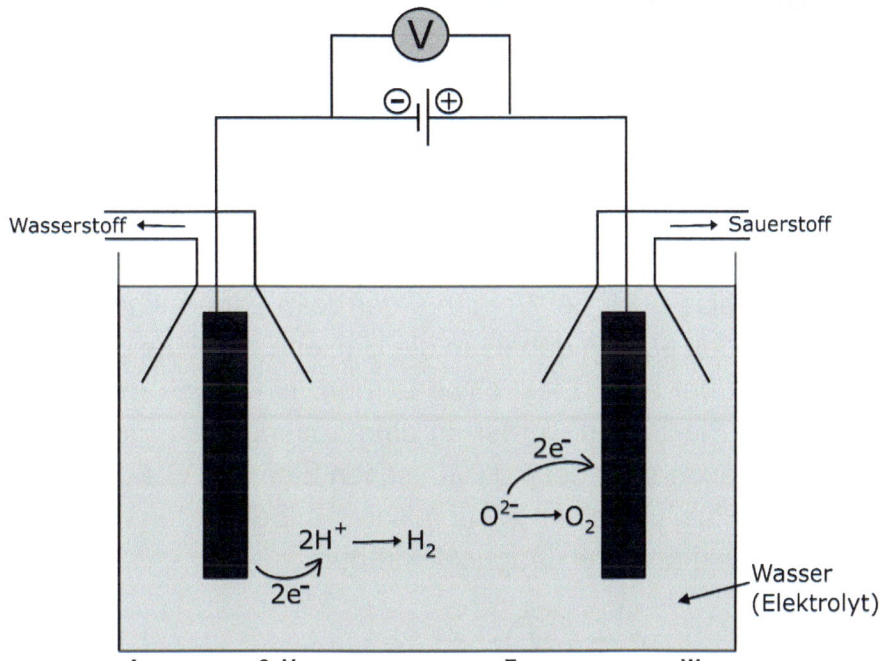

ABBILDUNG 4.6: VERSUCHSAUFBAU DER ELEKTROLYSE VON WASSER

Die Wasserteilchen werden mithilfe von Strom in Sauerstoff und Wasserstoff zersetzt. Schauen wir uns die Reaktionen an, die an Kathode und Anode ablaufen. An der Kathode reagiert Wasser zu Wasserstoff (es handelt sich um eine Reduktion, da die Oxidationszahl des Wasserstoffatoms im Wassermolekül +I ist und im Wasserstoffmolekül 0). An der Anode reagiert Wasser zu Sauerstoff (es handelt sich hier um eine Oxidation, da die Oxidationszahl des Sauerstoffatoms im Wassermolekül -II und im Sauerstoffmolekül 0 ist).

$$\text{Kathode/Red.:} \quad 2H_2O + 2e^- \quad \longrightarrow \quad H_2 + 2OH^-$$

$$\text{Anode/Ox.:} \quad 2H_2O \quad \longrightarrow \quad O_2 + 4H^+ + 4e^-$$

Damit wir die beiden Reaktionen jetzt zu einer Gesamtreaktion zusammenfassen können, muss hier wieder die Anzahl der Elektronen bei beiden Teilgleichungen übereinstimmen. Die Reaktion an der Kathode muss also mit zwei multipliziert werden:

$$\text{Kathode/Red.:} \quad 2H_2O + 2e^- \quad \longrightarrow \quad H_2 + 2OH^- \quad | \cdot 2$$

$$4H_2O + 4e^- \quad \longrightarrow \quad 2H_2 + 4OH^-$$

Jetzt können wir die beiden Teilgleichungen zu einer Gesamtgleichung zusammenfassen:

$$4H_2O + 4e^- + 2H_2O \longrightarrow 2H_2 + 4OH^- + O_2 + 4H^+ + 4e^-$$

Jetzt werden noch die Elektronen rausgestrichen:

$$4H_2O + 2H_2O \longrightarrow 2H_2 + 4OH^- + O_2 + 4H^+$$

Eine Elektrolyse ist eine chemische Reaktion, bei der durch elektrische Energie eine Redoxreaktion erzwungen wird. Dabei wird eine chemische Verbindung zersetzt. Es wird elektrische Energie in chemische Energie umgewandelt.

Die Elektrolyse ist also auch der Vorgang, der beim Laden eines Akkus stattfindet. Im Prinzip handelt es sich dabei um die Umkehrung eines galvanischen Elements. Der Aufbau bei einer Elektrolyse ist dem eines galvanischen Elements sehr ähnlich: zwei Elektroden werden in eine Lösung, den Elektrolyten, eingetaucht. Dann wird, anders als beim galvanischen Element, Gleichstrom angelegt, wodurch wir einen Plus- und einen Minuspol haben. Betrachten wir beispielsweise eine Zinkiodid-Lösung mit zwei Graphitelektroden:

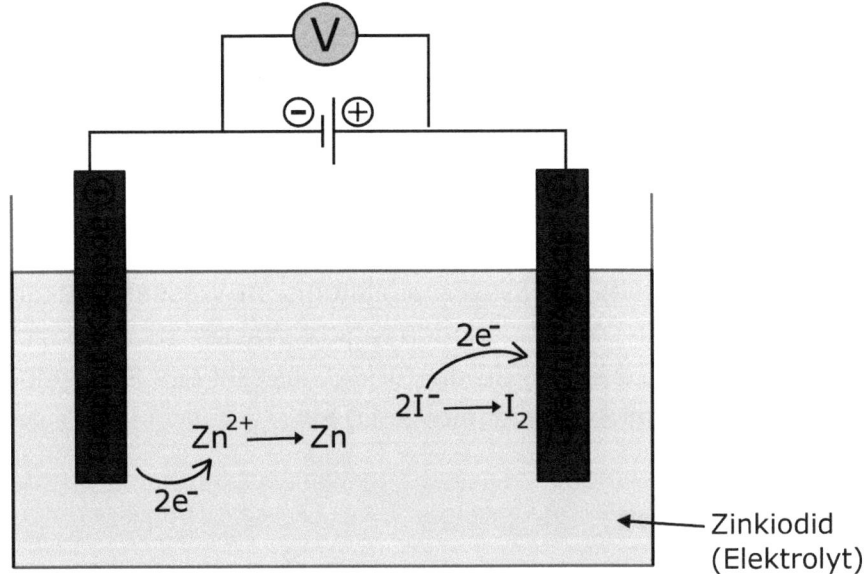

ABBILDUNG 4.7: VERSUCHSAUFBAU DER ELEKTROLYSE VON ZINKIODID

Die negative Elektrode zieht positive Teilchen an, also hier die Zn^{2+}-Ionen. Es werden Elektronen von der Elektrode an die Zink(II)-Ionen abgegeben, wodurch elementares Zink entsteht. Die positive Elektrode zieht negative Teilchen an, also hier die I-Ionen. Diese können nun ihre Elektronen an die Anode abgeben, wodurch elementares Iod entsteht.

Jetzt liegt hier aber nicht nur Zinkiodid vor, sondern auch Wasser, welches durch Elektrolyse zu Wasserstoff und Sauerstoff zersetzt werden kann. Wie können wir nun entscheiden, welche der beiden Elektrolysen abläuft? Hierbei können wir uns wieder der elektrochemischen Spannungsreihe bedienen. Es findet immer zuerst die Elektrolyse von Stoffen mit betragsmäßig kleineren Potenzialen statt.

Vergleichen wir Zinkiodid und Wasser:

Elektrolyse von ...	Reaktionsgleichungen	Standardpotenzial
... Wasser	$2H_2O + 2e^- \longrightarrow H_2 + 2OH^-$	$-0,83$ V
	$O_2 + 4H^+ + 4e^- \longrightarrow 2H_2O$	$+1,23$ V
... Zinkiodid	$Zn^{2+} + 2e^- \longrightarrow Zn$	$-0,76$ V
	$2I \longrightarrow I_2 + 2e^-$	$+0,53$ V

Die Standardpotenziale bei der Zersetzung von Zinkiodid sind betragsmäßig kleiner als die bei der Zerlegung von Wasser. Daher läuft die Elektrolyse von Zinkiodid zuerst ab.

Wenn wir nun sichergehen wollen, dass wirklich nur die Elektrolyse von Zinkiodid abläuft, können wir auch eine niedrige Spannung anlegen, sodass sie gerade ausreicht, um Zinkiodid zu zersetzen. Wie hoch muss diese Spannung sein?

Das berechnen wir wieder wie bei der galvanischen Zelle – das kleinere Standardpotenzial wird von dem größeren Standardpotenzial abgezogen:

$$0,53 \text{ V} - (-0,76 \text{ V}) = +1,29 \text{ V}$$

Das bedeutet, wir legen eine Spannung von 1,29 V an, was gerade ausreicht, um Zinkiodid zu zersetzen, aber nicht für die Elektrolyse von Wasser (hier müsste eine Spannung von mind. 2,06 V angelegt werden).

Jetzt kommen wir noch zu einem besonderen Phänomen bei der Elektrolyse. Wir wissen ja bereits, wie wir die notwendige Spannung berechnen, damit die Elektrolyse abläuft. Manchmal passiert beim Anlegen der berechneten Spannung aber leider gar nichts. Erst bei einer höheren Spannung läuft die Elektrolyse ab. Die Spannung, die zusätzlich zum errechneten Wert angelegt werden muss, nennen wir **Überspannung** oder **Überpotenzial**.

Diese Überspannung hängt von verschiedenen Faktoren ab:

- Art und Oberflächenbeschaffenheit der Elektrode

- Art und Konzentration der Ionen

- Temperatur und Stromdichte

Entstehen bei der Elektrolyse Metalle, ist die Überspannung geringer, als bei Elektrolysen, bei denen Gase entstehen.

4.7 Korrosion und Korrosionsschutz

4.7.1 Rosten von Eisen

Korrosion

Bei der Korrosion handelt es sich um die Zerstörung von Metallen durch Oxidation dieser Metalle. Die bekannteste und wirtschaftlich schädlichste Korrosion ist das Rosten von Eisen. Dabei reagiert Eisen mit Sauerstoff und Wasser zu verschiedenen Eisenoxiden und -hydroxiden. Diese Reaktionen betrachten wir jetzt noch genauer.

Zunächst wird Eisen zu Eisen(II) oxidiert und reagiert mit Hydroxidionen zu dem schwerlöslichen Eisen(II)-Hydroxid.

$$\text{Ox.:} \quad Fe \longrightarrow Fe^{2+} + 2e^- \qquad | \cdot 2$$

$$\text{Red.:} \quad O_2 + 2H_2O + 4e^- \longrightarrow 4OH^-$$

$$\text{Redox:} \quad 2Fe + O_2 + 2H_2O \longrightarrow 2Fe^{2+} + 4OH^-$$

$$\Rightarrow 2Fe^{2+} + 4OH^- \longrightarrow 2\,Fe(OH)_2$$

Das Eisen(II) oxidiert leicht weiter zu Eisen(III), welches wieder mit Hydroxidionen zu Eisen(III)-Hydroxid weiterreagiert – ein gelbbrauner Feststoff.

$$\text{Ox.:} \quad Fe^{2+} \longrightarrow Fe^{3+} + e^- \qquad | \cdot 4$$

$$\text{Red.:} \quad O_2 + 2H_2O + 4e^- \longrightarrow 4OH^-$$

$$\text{Redox:} \quad 4Fe^{2+} + O_2 + 2H_2O \longrightarrow 4Fe^{3+} + 4OH^-$$

$$\Rightarrow \quad Fe^{3+} + 3OH^- \longrightarrow Fe(OH)_3$$

$$\Rightarrow \quad Fe(OH)_3 \longrightarrow FeO(OH) + H_2O$$

Das Eisen(III)-Hydroxid reagiert dann weiter zum braunen Eisen(III)-oxidhydroxid, indem Wasser abgespalten wird. Letztendlich liegt ein Gemisch aus Eisen(II)-hydroxid, Eisen(III)-hydroxid, Eisen(III)-oxidhydroxid und Wasser vor. Das Volumen von Rost ist größer als das des ursprünglichen Eisens, weshalb die Rostschicht auf dem Eisen leicht abplatzt.

Um das Rosten von Eisen zu verhindern, gibt es zwei verschiedene Möglichkeiten: den passiven und aktiven Korrosionsschutz.

4.7.2 Passiver Korrosionsschutz

Wir können die Korrosion eines Metalls verhindern, indem wir dafür sorgen, dass das Metall nicht mit den für das Rosten verantwortlichen Reaktionspartnern in Berührung kommt. Dazu überziehen wir das Metall mit einer Schutzschicht aus einem korrosionsbeständigen Material. Diese Art von Korrosionsschutz wird passiv genannt, da die Schutzschicht keine Reaktion eingeht, also passiv ist.

Problematisch wird es jedoch, wenn die Schutzschicht beschädigt wird. In diesem Fall entsteht ein sogenanntes **Kontaktelement**. Die Schutzschicht, ein edles Metall, ist (elektrisch leitend) mit dem Eisen verbunden und durch die Beschädigung kommt Wasser an beide Metalle. Wasser wirkt in diesem Fall als Elektrolyt und wir haben eine Art galvanische Zelle. Am edleren Metall nimmt Wasser Elektronen auf und es wird Wasserstoff gebildet. Am unedleren Metall werden Elektronen abgegeben und somit das Metall abgebaut. In diesem Fall rostet das Eisen. Durch das Kontaktelement wird der Rostvorgang allerdings beschleunigt und das Eisen wird schneller beschädigt.

4.7.3 Aktiver Korrosionsschutz

Im Gegensatz zum passiven Korrosionsschutz gibt es noch die Möglichkeit des aktiven Korrosionsschutzes. Hierbei wird das Eisen mit einem unedleren Metall überzogen. Zunächst wirkt es als passive Schutzschicht. Der Vorteil hier ist, dass das Eisen auch bei der Beschädigung der Schutzschicht nicht rostet. Es entsteht zwar auch hier ein Kontaktelement, aber bei einem Kontaktelement wird immer das unedlere Element abgebaut, was in diesem Fall die unedlere Schutzschicht ist. Da nun die Schutzschicht unter Korrosion reagiert, handelt es sich um einen aktiven Korrosionsschutz.

Notizen